# 신과 함께

In God's presence

국립중앙도서관 출판시도서목록(CIP)

신과 함께 / 지은이: 에드거 케이시 ; 옮긴이: 김진언.
-- 고양 : 사과나무, 2013
　　p. ;　　cm

원표제: A Search for God. 2
원저자명: Edgar Cayce
영어 원작을 한국어로 번역
ISBN 978-89-6726-003-3 03200 : ₩13000

신(종교)[神]

204.1-KDC5
211-DDC21　　　　　　　CIP2013015070
　　　　　　　　　　　　CIP2013015070

# 신과 함께

에드거 케이시 지음 | 김진언 옮김

사과나무

**역자소개 _ 김진언**

대학에서 국문학을 전공하고, 여러 나라들을 다니며 공부를 했다. 출판기획자로 일하며 직접 책을 쓰기도 했다. 문학과 정신세계에 대한 탐구를 계속하고 있으며 더불어 번역 작업도 하고 있다.
번역한 책으로 〈신을 찾아서〉〈위대한 의사들〉〈간소한 삶〉〈빛나는 꿈을 이루기 위한 삶의 원칙〉 등이 있다.

신과 함께

**초판 1쇄 인쇄** 2013년 6월 30일
**초판 4쇄 발행** 2023년 8월 20일

**지은이** 에드거 케이시
**옮긴이** 김진언
**펴낸곳** 도서출판 사과나무
**펴낸이** 권정자
**등록번호** 제11-123
**주소** 경기도 고양시 덕양구 충장로 123번길 26, 301-1208

**전화** (031) 978-3436
**팩스** (031) 978-2835
**이메일** bookpd@hanmail.net

**값** 13,000원

ISBN 978-89-6726-003-3 03200
※ 잘못 만들어진 책은 바꾸어드립니다.

각 사람들은
자신이 해온 말과 자신의 지금까지의 삶에 당당히 대면하여
"나는 이것으로 해서 스스로의 앞에 서고,
신 앞에 서서 심판받기를 원한다"고
말할 수 있는 삶을 하루하루 살아야 한다.

**머리말 _ 에드거 케이시의 사상**

# "우리가 사는 목적은 무엇인가?"

### 영적 성장을 찾는 사람들

'미국이 낳은 20세기 최고의 영각자(靈覺者)'로 불리는 에드거 케이시는 리딩(reading, 최면 상태에서 무의식으로 말하는 것)을 통해 그 자신도 전혀 알지 못하는 여러 일들에 대해 놀라운 정보를 제공했다. 그의 생의 전반에는 주로 난치병 환자들의 치료법을 알려주는 데 리딩이 사용되었다.

1910년 10월 9일 〈뉴욕 타임스〉가 '글도 못 읽는 사람이 최면 상태에서 의사가 되다'라는 제목으로 에드거 케이시에 대한 기사를 싣자, 미국 전역이 들끓었다. 의사와 과학자들은 비판을 쏟아냈지만 수천 명의 난치병 환자들은 그에게 도움을 청했다. 윌슨 대통령이 뇌졸중으로 쓰러졌을 때 에드거 케이시에게 리딩을 요청했고,

아인슈타인도 그에게 리딩을 받았다고 한다.

이후 그의 신비한 능력을 여러 분야에 적용할 수 있다는 사실이 밝혀졌고, 최면상태에 있는 케이시에게 적절한 질문을 하기만 하면 고차원적인 정보를 얻을 수 있다는 사실이 알려졌다. 심지어 주식 투자가, 정치가, 석유 탐사가까지 그에게 조언을 구했다.

많은 사람들이 질문했다. "인생의 목적은 무엇입니까?"

이 질문에 대해 케이시는 "인생에 있어서 가장 중요한 것은 육체적인 생활을 보내면서 정신적, 영적으로 성장하여 궁극적으로는 신의 공동 창조자가 되는 것이다"라고 대답했다.

이 말에 자극을 받아 영적 성장의 길을 탐구하는 그룹이 케이시 주위에 형성되었고, 실제로 1931년에 이 그룹을 위해서 영적 성장에 관한 리딩이 행해졌다.

12명으로 이루어진 이 그룹은 정기적으로 모여 영성(靈性)을 향상시키기 위한 리딩을 받았고, 주어진 리딩을 연구하는 스터디그룹을 만들어졌다.

케이시는 그들에게 신에 대한 믿음, 삶에서 지켜야 할 중요한 개념들을 실천 과제로 제시했다. 스터디그룹은 자신들에게 주어진 리딩과 각자의 체험을 텍스트로 정리하여 그 내용이 리딩에 의해 승인을 받아야만 다음 단계로 넘어가는 식으로 영적 성장을 이루어 나갔다.

13년 동안의 긴 세월에 걸쳐 주어진 과제와 씨름을 한 끝에 이 텍스트는 24개의 과제로 정리되었는데, 처음에는 단지 '레슨(Lesson)'이라고만 불렸으나, 각 과의 텍스트를 정리하여 〈A Search for God〉이라는 이름의 책으로 완성되었다. 이후 〈A Search for God〉은 영적 성장을 추구하는 탐구자들의 안전하고 확실한 안내서가 되어 왔다.

이 텍스트를 열심히 실천한 결과 스터디 그룹 멤버들은 높은 영적 인격을 소유하게 되었고, 삶에서 희망과 평안을 얻었다. 또한 타인에 대해 어떤 자세를 취해야 하는지를 더욱 잘 이해하게 되었으며 자신의 인생이 '신'과의 풍요로운 교류 위에 있음을 깨닫는, 큰 기쁨을 얻을 수가 있었다.

스터디 멤버들은 케이시의 리딩에 의해 주어진 영적 성장을 위한 기본 원리를 다른 사람들에게 전하는 어려운 일에 헌신했다. 그들은 기도와 명상을 통해, 그리고 각 과제를 그들 스스로 실천함으로써 이 일을 완성시켰다. 이와 같은 과제는 우선 자기 자신의 삶을 통해서 그 유효성을 입증해야 했기 때문이다. 그렇게 해야만 다른 사람들의 인생에 적용할 수 있다는 점을 그들은 잘 알고 있었다.

그들이 궁극적으로 찾아낸 완성된 '길'은 그리스도가 되신 인간 예수 속에서 찾을 수 있었다. 예수는 육신의 소망을 극복함으로써 육체를 영화(靈化)하고 그 몸을 부활시키지 않았는가!

신과 우주의 큰 은혜

이 책은 케이시 스스로 "나의 최대 업적은 〈A Search for God〉이라는 텍스트를 이 세상에 남긴 일이다"라고 밝힐 정도로 그의 생애 가운데서 가장 심혈을 기울여 완성한 〈A Search for God〉 두 번째 권을 번역한 것이다.*

우리가 흔히 영성을 향상시킨다 하면 종교단체의 연수나 수련 방법 등을 떠올리며 현실과 동떨어진 것으로 생각하기 쉽다. 그러나 이 책에서의 케이시의 가르침은 오히려 일상생활 속에서 자신의 마음과 영혼을 성장시켜 나가는 길을 제시하고 있다. 일반적인 사회생활을 영위하면서 자신의 정신성, 영성을 기를 수 있는 방법을 추구하는 것이다. 어떤 의미에서는 깊은 산속으로 들어가 수련하는 것보다 일상생활 속에서 영적 성장을 구하는 것이 훨씬 더 힘들고 더 큰 노력을 필요로 할지도 모른다.

그런 점에서 이 책 속의 내용들은 우리 스스로 일상생활에서 실천하고, 시험해 볼 수 있는 내용들이다. 여기에 새로운 것은 아무것도 없다. 여기에는 우리가 매일 매일의 생활을 통해 성경의 가르침을 실천하는 영적 진리가 정리되어 있다. 신에 대한 깊은 탐구와 이해를 구하는 사람들에게는 다음의 리딩이 그 방향을 제시해 줄 것이다.

---

* 〈A Search for God〉 첫 번째 권은 〈신을 찾아서〉라는 제목으로 한국어판 번역서가 출간되었다.

모든 율법은 주 안에 있다는 사실을 우리는 알고 있다. 또한 그것을 마음속에 새겨 두면 그것으로 충분하다. 왜냐하면 주가 주신 것은 우리의 행동을 촉구하는 동기와 소망, 목적의 토대이자 원리이기 때문이다. 그러니 우리는 우리 자신이 관여하고 있는 세계에서—이렇게 살아가고, 이야기하고, 기도할 때에도—그것들이, 예수께서 제자들에게 기도방법을 가르치셨을 때 예수께서 그들에게 촉구하신 방식과 방법과 템포와 일치되도록 하자.

이 기도를 스스로의 경험 속에서 생각하면 길이자, 진리이자, 빛이신 예수 그리스도의 삶과 죽음과 부활이 이 시대 인류의 경험에 있어서 무엇을 의미하는지 이해할 수 있다.

신을 속일 수는 없다. 사람은 뿌린 대로 거둘 수밖에 없다. 이 사실은 그 갈릴리 사람의 생애로 훌륭하게 실증되었다. 그 안에서 우리는 살아가고, 움직이고, 죽는 것이다. 그 안에서 우리는 모두 살아 있는 자가 되는 것이다. 리딩 5749-12

신에 대한 탐구는 인류의 출현과 동시에 시작되었다. 케이시는 이 책을 통해 우리가 아무리 힘든 시련의 시기를 지난다 하더라도 우리를 인도하는 빛이 있다는 사실을 깨닫게 해준다. 그리고 영적 진리를 매일 매일의 생활에 적용하면 영적으로 완성된 삶, 건강한 사회, 건강한 국가를 이룰 수 있다는 희망찬 비전을 제시한다. 이는 시간과 공간을 초월해서 우리에게 다가온다.

또 물질을 추구하면 쾌락만을 얻을 뿐, 진정한 행복은 정신을 추구해야 얻을 수 있다는 진리를 전하고 있다.

이 책은 한두 번 읽는 것으로는 도움이 되지 않을 수 있다. 몇 번이고 되풀이해서 읽고, 거기에 제시된 영적 사고와 실천법을 각자 인생에 적용해야만 비로소 그 열매를 얻을 수 있겠다. 그후에 얻게 되는 보수는 또 얼마나 풍요로운지! 자신이 영적 성장의 길을 걷고 있다는 충만한 느낌을, 자신이 올바른 인생을 살아가고 있다는 실감을 가져다줄 것이다.

신과 우주의 커다란 은혜가 이 책을 통해서 풍성하게 전달되기를!

편집인

# CONTENTS

머리말 _ 에드거 케이시의 사상   **6**

**첫 번째 가르침**
## 기회(Opportunity)   **19**
기회란 무엇인가? | 기회는 협력을 통해서 찾아온다 | 자신을 알수록 더 많은 기회가 보인다 | 이상의 높이에 따라 기회는 커진다 | 신앙은 기회를 찾도록 도와준다 | 기회는 친밀한 유대감에서 찾을 수 있다 | 기회는 미덕과 이해를 통해서 인식된다 | 기회는 인내를 요구한다 | 문을 열면 커다란 기회가 기다리고 있다 | 신의 임재를 아는 것이 기회이다 | 십자가와 면류관을 발견할 기회 | 신이 오직 한 분임을 아는 기회 | 사랑하는 것은 기회다

**두 번째 가르침**
## 낮과 밤(Day and Night)   **41**
시작하며 | 이 세계는 어째서 만들어졌을까? | 날은 날에게 말하고 | 밤은 밤에게 지식을 전하니 | 낮과 밤을 경험하자 | 우리는 알파이자 오메가다 | 마무리

**세 번째 가르침**
## 지상에서의 신의 작용
(God, The Father, and Manifestation in the Earth)   **59**
시작하며 | 위대한 질문 | 아버지이신 신 | 지상에서의 신의 드러내심 | 지상에 나타난 최고의 것 | 우리는 신의 나타남이다

### 네 번째 가르침
# 욕구(Desire)     79
시작하며 | 육체적인 욕구 | 정신적 욕구 | 영적인 욕구 | '사심없는 욕구'의 지혜 | 마무리

### 다섯 번째 가르침
# 마음의 숙명(Destiny of the mind)     97
시작하며 | 숙명(Destiny) | 마음과 정신체의 관계 | 육체와 마음의 관계 | 영체와 마음의 관계 | 인생의 이정표 | 마무리

### 여섯 번째 가르침
# 육체의 숙명(Destiny of the body)     115
시작하며 | 육체란 무엇인가? | 우리는 육체의 숙명을 자각하고 있는가? | 육체를 산 제물로 바치는 것은 무엇을 의미하는가? | 육체라는 성스러운 신전을 어떻게 사용할 것인가? | 육체의 부활이란 무엇을 의미하는가? | 육체의 경험을 어떻게 볼 것인가? | 우리는 어떻게 해야 인정받을 수 있는가?

CONTENTS

**일곱 번째 가르침**
# 영혼의 숙명(Destiny of the soul)    133
시작하며 | 영혼의 창조 | 마음과 몸에 대한 영혼의 관계 | 물질세계에서의 영혼의 작용 | 마무리

**여덟 번째 가르침**
# 영광(Glory)    149
시작하며 | 마음의 영광 | 육체의 영광 | 영혼의 영광 | 마무리

**아홉 번째 가르침**
# 지식(Knowledge)    161
시작하며 | 지식은 신에게서 온다 | 지식은 힘이다 | 자신에 대한 해석 | 지식의 활용 | 지식의 올바른 평가 | 신의 임재에 대한 지식

**열 번째 가르침**
# 지혜(Wisdom)    177
시작하며 | 지혜에 이르는 길 | 자기성찰 | 지혜의 적용

**열한 번째 가르침**
# 행복(Happiness)     **189**
행복이란 무엇인가? | 누가 행복한가? | 행복은 언제 찾아오는가? | 쾌락은 행복이 아니다 | 마무리


**열두 번째 가르침**
# 성령(Spirit)     **203**
시작히며 | 우리는 이디시 온 것일까? | 인간의 두사(投射) | 신의 투사(投射) | 시간, 공간, 그리고 인내 | 자신이라는 장애물 | 멤버의 체험 | 마무리

| 일러두기 |

1. 이 책의 텍스트는 미국 ARE에서 펴낸 〈A Search for God II〉를 저본(底本)으로 하여, 일본어판 번역본 〈神の探究〉(光田秀 역)와 한국어판 성경 등을 참조했다.
2. 각 챕터의 앞부분에 인용되어 있는 '기도의 말'과 본문 내용은 에드거 케이시의 리딩에서 유래한 것이다.
3. 본문 중 성경 구절 인용에 대한 주석은 ARE에서 붙인 것과 일본어판 주석, 그리고 한국어 번역자가 붙인 것이다. 독자의 가독성을 위해 따로 구분하지 않았다.

첫 번째 가르침

# 기회
## Opportunity

"그러므로 우리는 기회 있는 대로 모든 이에게 착한 일을 하라."
– 갈라디아서 6:10

## 기도의 말

주여, 부디 저를 인도하시어
당신이 제게 해주시는 것을 통해
당신의 이름, 당신의 영광이 더욱 찬송받기를.
지상에서 부디 하루하루 저의 손, 저의 마음, 저의 몸을
주어진 기회에 대해 당신 자신의 것으로써
당신이 바라는 대로 쓰시기 바랍니다.
바라건대 저의 일이 당신의 영광을 더하고,
당신이 아들을 통해서 주신 사랑과 약속으로
당신의 영광이 사람들에게 더욱 알려지기를.

첫 번째 가르침
# 기회

## 기회란 무엇인가?

기회란 '영적 이상(spiritual ideal)을 물질적으로 선명하게 드러내는 것'을 말한다. 영혼은 의식의 다른 영역에서 길러 온 것을 육체를 통해서 표현할 기회를 얻는다. 지상에서의 삶이란, 영혼의 성장에 도움이 되는 온갖 경험을 서로 연관짓고 조합하고 협력하도록 해서 그 성과를 구체적으로 나타내기 위한 기회이다. 따라서 기회의 가장 큰 의의는 육체의 의식적인 힘을 사용하여 영적 작용을 물질세계에 드러내는 것이다.

## 기회는 협력을 통해서 찾아온다

협력이란 자신을 다른 사람에 대한 축복의 수로(channel)로 만드는 것이다. 매일, 매순간뿐만 아니라 아주 사소한 하나하나의 생각까지도 '베풀기' 위한 기회를 가져다준다.

우리는 무엇을 베풀 수 있는가? 베드로는 다음과 같이 말했다. '은과 금은 내게 없거니와 내게 있는 이것을 네게 주노니 나사렛 예수 그리스도의 이름으로 일어나 걸으라.' 사도행전 3:6

우리는 각자 자기 자신의 일과 가정을 가지고 있다. 그리고 특정한 나라, 특정한 지역의 특정한 마을에서 살고 있다. 그것은 우리가 그와 같은 상황을 스스로 준비해 왔기 때문이다. 우리 자신이 그와 같은 시간과 장소를 선택한 것이다.

그렇다면 우리는 지금, 바로 이곳에서부터 봉사를 시작해야 한다. 미소와 배려가 담긴 말, 치유에 대한 생각 등 우리는 이러한 것들을 가지고 있으며 베풀 수가 있다. 왜냐하면 그 사람의 인생은 마음의 생각을 반영하는 것이기 때문이다. 당신을 만남으로 해서 (그것이 식사를 하는 자리이든, 잠을 잘 때이든, 길을 걸을 때이든) 모든 사람들에게 그리스도가 기회가 되는 삶을 살아야 한다.'

예수는 각지를 돌아다니며 선을 행하셨고 모든 기회를 잡아 영적

---

\* 리딩 262-50 참조.

이상을 실현하셨다. 주가 보이신 모범에 따르는 자가 져야 할 짐은 결코 무거운 것이 아니다. 왜냐하면 주께서 우리에게 바라는 것은 '여기 내 형제 중에 지극히 작은 자 하나에게 한 것이 곧 내게 한 것이니라'<sup>마태복음 25:40</sup>는 말씀에 나타난 대로이다.

따라서 협력하는 자세를 우리 일상생활의 행동양식으로 삼아야 한다. 순수한 생각과 행위로 인해서 우리는 각자의 영혼에 준비된, 보다 커다란 기회에 대비하게 되는 것이다.

## 자신을 알수록 더 많은 기회가 보인다

지금까지 오랜 세월 동안 영적 힘은 현실세계와는 아무런 관계가 없는 것처럼 여겨져 왔다. 우리는 영적인 능력을 일상생활에 적용할 수 있다는 사실을, 그리고 내면의 눈을 뜨면 물질세계를 보다 의미 깊게 살아갈 수 있다는 사실을 이제 막 깨닫기 시작했다.

자신의 주위에 있는 기회에 민감해진다는 것은, 그만큼 우리가 자신의 영적 능력을 깨달아 새로운 세계, 생명으로 넘쳐나는 세계로 들어가고 있다는 사실을 증거하는 것이다. 우리가 영적으로 성장함에 따라 지금까지 드러나지 않은 채 잠재되어 있던 의욕과 재능이 나타나고 결국에는 봉사에 부름을 받게 될 것이다. 바라건대 그 준비가 되어 있어 기꺼이 응할 수 있기를!

하나하나의 시련에 맞서 극복해 나감으로써 우리는 성장한다. 그 모든 각각의 경험은 우리를 시험하고 단련시켜 강하게 만들기 위한 기회이다. 모든 일을 극복하는 방법은 하나씩 하나씩 맞서는 것 외에 다른 길이 없다.

지금의 자신에게 주어진 기회를 발견하는 데 대해 말한다면, 다른 사람들의 기회가 커지도록 하는 삶도 중요하지만 거기서 자기 자신의 기회를 발견하여 그것을 자신의 성장을 위해 활용하는 것도 역시 중요하다. 리딩 262-50

혹시 그로 인해 이웃들로부터 배척받는다 할지라도 네가 옳다고 알고 있는 일을 네 스스로에게 행하라. 리딩 373-2

우리가 스스로를 감시하기를 게을리 하고, 혼자서는 아무것도 할 수 없다는 사실을 깨닫지 못한다면 우리의 인생은 이기심과 불만, 조그만 일에 대한 질투, 혹은 좋지 않은 생각에 막혀 정체되어 버리고 만다. 우리는 타락할 대로 타락해서 어떠한 상황이나 인물, 혹은 사물 속에서도 올바름을 찾아내지 못하게 될지도 모른다.

우리는 자신에 대해 좀 더 알아야 한다. 그것을 통해서 잘못은 자신에게 있다는 사실, 우리가 타인에게서 찾아내는 것들이 바로 우리 자신 속에 있는 것이라는 사실을 알아야 한다. 만약 자신 안에 없다면 어찌 타인에게서 그것을 찾아낼 수 있겠는가?

우리는 내적 자아의 문을 열고 그곳으로 그리스도의 빛을 맞아들여 우리의 뜻을 그리스도의 마음과 일치시키고 그리스도의 목소리에 귀를 기울여 그리스도의 부름에 신경을 써야 한다. 자신을 아는 것은 기회이다. 자신이 신과 하나라는 사실을 아는 것은 인간에게 있어서 가장 커다란 기회인 것이다.


## 이상의 높이에 따라 기회는 커진다

> 모든 영혼은 무한한 영역, 즉 영적 힘에 있어서, 그 영혼이 예배하는 활동에 있어서 봉사자로서의 의식에 도달해야만 한다. 리딩 262-50

'길(Way)'이자 '진리(Truth)'이자 '빛(Light)'이신 그리스도는 최고의 이상이다. 우리의 생각이나 행동에 있어서 그보다 낮은 이상을 내걸면, 자기 주위에 편견의 벽을 쌓아 올리게 된다. 그리고 우리는 세속의 관습 속에 자신을 가두어 봉사의 문을 닫아 버리게 된다.

우리는 자유로워야 한다. 자유롭게 생각하고, 자신의 인생을 자유롭게 살아가야 한다. 그리고 그 자유는 무한한 사고에 동조함으로써 생겨나야 한다. '진리를 알지니 진리가 너희를 자유롭게 하리라.'요한복음 8:32는 말씀 그대로이다.

그렇다면 '진리'란 무엇인가?

예수께서는 다음과 같이 말씀하셨다. '너희가 내 안에 거하고 내 말이 너희 안에 거하면 무엇이든지 원하는 대로 구하라. 그리하면 이루리라. 너희가 열매를 많이 맺으면 내 아버지께서 영광을 받으실 것이요 너희는 내 제자가 되리라.'요한복음 15:7-8, '나를 떠나서는 너희가 아무 것도 할 수 없음이라.'요한복음 15:5

그리스도를 떠나면 우리는 자신의 기회조차 발견할 수 없다. 오로지 자기 자신, 자신의 이익만으로 마음이 가득 차게 된다.

> 네가 마음으로 생각하는 것, 몸으로 행하는 것 자체가 그대로 다른 사람들로 하여금 신을 알기 위한 기회나 수로로써 네 자신을 바치고 있다는 사실을 말해주는 것이 되게 하라.리딩 262-50

## 신앙은 기회를 찾도록 도와준다

영적 진리를 행동으로 나타낼 기회가 우리에게 찾아오게 된다. 소위 말하는 우리의 '판단력'이라는 것이 세상의 잣대를 기준으로 하여, 영적 진리를 행동으로 나타낼 기회에 우리가 관여하지 못하도록 작용할지도 모른다. 왜냐하면 만일 그것이 실패로 끝나 버린 다면 그런 경험은 자신이 아닌 타인이 경험하는 편이 낫다고 생각하기 때문이다. 그러한 생각은 그야말로 믿음의 부족으로 비롯된 것이다.

우리의 신앙이 궁극적으로 닿을 곳은 '우주의 창조력'에 대해 영적으로 이해하는 데 있다. 이와 같은 사실은 비슷한 내면의 인도(引導)를 갖지 않은 사람들로서는 이해할 수 없는 것이다. 그들은 그러한 영적 이해를 잘못된 판단이라고 말할지도 모른다.

신앙에 의해서 우리는 의심의 산을 움직이고, 생각은 사물이며, 말은 힘을 가지고 있다는 사실을 증명할 수가 있다. 모든 길이 막혀 있다고 생각할 때 육체적, 정신적, 영적으로 우리를 증명하는 현상이 일어난다.

우리가 가진 것을 사용하여 발견한 것을 우리의 손이 있는 힘껏 행함으로써 각각의 기회를 자신의 것으로 삼도록 하자!

계획하고, 행동하고, 열심히 일하는 것은 우리의 책무이다. 그 다음 거기에 덧붙이는 것은 신앙의 기록자이신 신이 하시는 일이다. 우리는 믿음이 있다고 공언할지도 모른다. 그러나 우리 믿음이 어느 정도인지를 증거하는 것은 우리 자신의 행동이다. 우리가 배우고 생각하고 각각의 기회를 활용하려 함에 따라서 그리스도를 믿는 마음, 아버지이신 신을 믿는 마음, 이웃을 믿는 마음 그리고 자기 자신을 믿는 마음이 성장한다. 주께서는 우리가 필요로 하는 도움과 힘과 이해를 충분히 주시겠다고 약속하셨다.

육체적으로도 정신적으로도 영적으로도 우리 인생에 언젠가 시련이 닥칠 것이다. 우리는 이러한 때일수록 '내가 결코 너희를 버리지 아니하고 너희를 떠나지 아니하리라'<sup>히브리서 13:5</sup>는 주의 약속에 의지해야 한다.

우리는 여러 가지 교의나 주장에 이리저리 흔들려도 되는 것일까? 우리는 희망을 잃은 자로서 두려워해야만 하는 것일까? 이 세계가 통과하고 있는 시련과 시험 속에서 우리는 어디에 자신의 발 디딜 곳을 만들 생각인가? 주의 임재가 언제나 우리와 함께 있다는 사실을 알고 신앙 위에 발을 디딜 수 있을까? 우리는 우리처럼 기회를 갖지 못한 사람들에게 희망과 믿음과 위안을 주고 있을까? 우리는 의심과 불안이 소용돌이치는 어두운 곳을 우리의 빛으로 밝히기 위해서 부름을 받았다는 사실을 느끼고 있는 것일까? 우리의 믿음은 주의 약속에 의해 굳건하게 유지되고 있는 것일까? 우리는 그 사실을 다른 사람들에게 전파하고 있을까?

만약 그렇지 않다면 우리는 표류하는 겁쟁이이자, 우리가 부름을 받은 그 사명에 훨씬 미치지 못하고 있는 것이다. '깨어 믿음에 굳게 서서 남자답게 강건하라.'<sup>고린도전서 16:13</sup> 왜냐하면 '여호와의 날이 가까웠나니'<sup>요엘 1:15</sup>라고 기록되어 있기 때문이다.

## 기회는 친밀한 유대감에서 찾을 수 있다

아버지이신 신과의 친밀한 유대감에 의해서 어떠한 기회가 주어질까? 슬픔을 안은 채 신이 계신 곳으로 가면 우리에게 위안이 찾아오는 것을 경험했을 것이다. 거기에 가면 우리의 문제는 해결되며 그곳에서 우리는 이해를 초월한 평온함을 발견한다.

우리가 자신의 육체의 나약함을 절감할 때 오히려 내면적으로는 신의 강력한 임재를 일깨우는 기회가 된다. 하나의 기회를 활용함에 따라서 내면의 신이 우리 주변에 있는 다른 기회도 깨닫게 해준다. 우리가 다른 사람들을 사랑하고 그들에게 봉사하려 할 때 아버지이신 신과의 사귐이 더욱 깊어진다.

이러한 기회는 어디에나 존재한다. 그러니 그와 같은 기회를 놓치지 않도록 항상 주의를 기울이도록 하자. 언제나 지혜와 분별력을 발휘하도록 하자. 우리를 위로, 위로 끌어올려 주는 기회를 반드시 붙잡도록 하자. 그렇게 하면 신의 소망과 목적에 일치하는 최고의 기회로 나아가게 될 것이다.

'길'이란 무엇일까? 예전에 주께서 사람들에게 말씀하신 것처럼, 오늘날에도 주는 이렇게 말씀하신다. '네가 이 사람들보다 나를 더 사랑하느냐. 이르시되 내 어린 양을 먹이라. 네가 나를 사랑하느냐. 이르시되 내 양을 치라.' 요한복음 21:15-16

(상징적으로) 양이란 '길'에 대해서 알고 있는 자, '길'을 알고 있는 자를 나타낸다. 어린 양은 '길'을 구하고 있는 자, '길'을 찾으려 하는 자이며 '선한 목자는 양을 치고 어린 양을 먹인다'는 말처럼 부드러움으로 인도하는 자를 나타낸다. 리딩 262-51

우리는 양을 기름과 동시에 어린 양을 먹여야 하는 임무를 부여받은 것이다.

## 기회는 미덕과 이해를 통해서 인식된다

미덕이 이해를 가져다주며 이해가 '신의 빛(Divine Light)'이라는 온갖 힘과 특권을 가져다준다. 영적인 전투에 대비하여 장비로 몸을 무장하고 우리는 타인을 돕기 위한 자신의 영토를 넓힐 수 있다. 우리는 양날의 칼처럼 악에서 선을 잘라내고, 거짓에서 진실을 잘라내어 주의 이름으로 위대한 일을 계획할 수 있다.

지상에서의 삶은 신의 '드러남'이다. 따라서 우리의 마음이 삶을 영원히 계속되는 것으로 생각하는 것 또한 조금도 이상한 일이 아니다. 그러나 우리가 기회를 잘못 사용하면 우리는 삶에 대한 지식을 잘못 사용하게 되고, 그 결과를 거두어들이게 된다.

우리가 선을 행하면 우리에게 선이 돌아온다. 그것은 '선이 선을 부르기 때문'이지 보상으로써 선이 돌아오는 것은 아니다. 어떤 법칙의 결과로써 돌아오는 것이다. 그 결과란 영적 이해이자, 영적 성장이다.

우리가 자신의 인생을 어떤 방향으로 쏟아 붓느냐는 우리의 사고방식에 따라서 결정된다. 왜냐하면 '그 마음의 생각이 어떠하면 그 위인도 그러'잠언 23:7하기 때문이다.

모든 힘, 모든 생명은 하나의 원천에서 온다. 그것은 신의 영역에 속한 것이기에 우리가 그것을 파괴할 수는 없지만 생각이나 행동에 있어서 그 일부라도 잘못 사용하면 우리는 자신의 길을 어둡게 만드는 것이다. 우리는 사람들에게 도움이 될지도 모르는 빛을 어둡게 만들어 버리는 것이다.

많은 사람들이 세속적인 지혜에 뛰어나다. 이기적인 목적으로 사용하고 있다고는 하지만 그들은 자신이 가지고 있는 등불을 사용한다는 점에서는 '이 세대의 아들들이 자기 시대에 있어서는 빛의 아들들보다 더 지혜로움이니라'누가복음 16:8는 예수님의 말씀 그대로이다.

아테네 사람들은 그와 같은 지혜를 바탕으로 '알지 못하는 신(Unknown God)'을 위해 제단을 쌓았다. 바울은 아테네 사람들이 이 '미지의 신'을 알지도 못하면서 숭배하고 있다고 말했다. 바울이 그 말을 지혜로써 감추고, 상황에 대한 이해를 갖고 말하지 않았다면 그는 자신의 목숨조차 위태로웠을 것이다.

　아테네에서 다른 신을 전파하면 어떤 벌을 받게 되는지 바울은 잘 알고 있었다. 그랬기 때문에 그는 우선 아테네 사람들의 신앙을 칭송하고 난 후에 '우리가 그를 힘입어 살며 기동하며 존재'[사도행전 17:28]하는 아버지이신 신을 말하고, 아테네 사람들의 신을 '너희가 알지 못하고 위하는 그것'[사도행전 17:23]이라고 말했다.

　같은 방법으로 우리는 자신의 기회를 지킬 필요가 있다. 우리는 언제라도 올바른 장소에서 올바른 봉사를 제공할 수 있도록 이해의 무한한 원천에 가까이 접해 있어야 한다.

## 기회는 인내를 요구한다

　인내를 실천함으로써 매일 매일 조그만, 그러나 매우 중요한 기회를 발견할 수 있게 된다. 성급하게 큰 일을 하려고 덤비면 보이던 것까지도 보이지 않게 된다. 우리는 신의 나라의 하인 중 한 사람임을 스스로 자랑스럽게 생각해야 한다. 타인에게 봉사한다는 것은, 신 안에서는 자유인이라는 사실을 의미한다. 왜냐하면 사람들에 대한 봉사를 통해서 우리는 스스로의 의지를 신의 마음과 일치시키기 때문이다.

　자신의 의지를 신의 마음과 일치시키기 위해서는 타인에 대한 인내와 함께 자기 자신에 대한 인내도 요구된다. '너희의 인내로 너희 영혼을 얻으리라'<sup>누가복음 21:19</sup>는 성경 말씀 그대로이다. 가지고 있기는 하지만 진정 소유하지는 못하는 경우도 있다. 우리의 영혼 속에는 신의 속성을 전부 가지고 있다. 자신의 존재를 잃지 않고, 또 신과 하나라는 사실을 알고 이해할 수 있도록 그것을 기다리고, 얻기 위해 노력을 하자. 서둘러서는 안 된다. 하나하나의 걸음을 기회로 잡도록 하자.

## 문을 열면 커다란 기회가 기다리고 있다

> 선을 행하는 일에 마음이 약해져서는 안 된다. 왜냐하면 보다 커다란 기회를 향해서 나아가기 위한 문이 열리려 하고 있는 것이니. 리딩 262-51

진리를 깨닫는다는 것은 그만큼 의식이 성장했다는 증거이다. 우리의 유한한 마음으로는 진리의 모든 것을 파악할 수가 없다. 그러나 문은 언제나 열려 있으며 그 문을 통해서 우리는 진리의 보다 위대한 모습을 알고, 아버지이신 신의 한없는 사랑을 더욱 깊이 이해하게 된다. 사람이 아버지이신 신과 맺은 관계가 얼마나 영광에 넘치는 것인지를 '진리의 영(Spirit of Truth)'이 확신하게 해줄 것이다.

이제 문은 열려 있다. 그것은 그 누구도 닫을 수가 없다. 왜냐하면 '그들은 작은 자로부터 큰 자까지 다 나를 알기 때문이라'<sup>예레미야서 31:34</sup>는 주의 말씀이 성취되어야만 하기 때문이다.

## 신의 임재를 아는 것이 기회이다

신의 임재를 자신과는 동떨어진 어떤 것, 경험해야만 하는 어떤 것, 마음이 혼란스러울 때 깨달아야 하는 어떤 것이라고 생각하지는 않는지? 그렇다면 우리는 신의 임재에 산다는 것이 신의 말을 실행하려는 모든 사람에게 있어서의 경험이자, 지식이자, 이해이자, 기회라는 사실을 놓쳐 버리게 된다.

신의 임재는 언제나 우리와 함께 있다. 왜냐하면 우리가 살고, 움직이고 존재를 얻는 것은 바로 신 안에서이기 때문이다. 이 사실을 우리는 분명하게 인식해야 한다. 우리는 지극히 높으신 자의 아들이라는 사실을 알고, 이해하고, 실현해야 한다. 신의 임재를 깨닫는다는 것은 우리의 유산이자 이 물질세계에서 우리의 커다란 기회이다.

## 십자가와 면류관을 발견할 기회

최근 우리는 짊어져야 할 십자가를 갖고 있었는가? 우리가 십자가를 기회로 생각했다면 그것은 좀 더 짊어지기 쉬웠을지도 모른다. 그 십자가야말로 우리가 가장 먼저 배워야 할 필요가 있는 레슨이었을지도 모른다.

자신이 누구를 믿고 있는지, 분명히 자각하도록 하자. 왜냐하면 주의 길을 좇아 정신적인 생활과 영적인 생활을 영위하는 사람들을 '정의로운 영(spirit of Right)'이 지켜주기 때문이다. '하나님을 사랑하는 자들에게는 모든 것이 합력하여 선을 이루느니라'로마서 8:28고 기록되어 있는 대로이다.

바라건대 그와 같은 마음가짐으로 각자의 십자가를 질 수 있기를. 또 그로 인해서 모든 것이 우리의 선을 이룬다는 사실을 실감하기를.

이 사실은 주 중의 주이신 예수의 삶에 의해 구현되었다. 그리스도의 영이 내면에서 빛나고 치유하고 축복하는 방식으로 나날을 살아가는 것은, 위대한 기회이다.

## 신이 오직 한 분임을 아는 기회

베드로가 예수의 신성을 고백했을 때 주께서 베드로에게 이렇게 말씀하셨다. '바요나 시몬아 네가 복이 있도다. 이를 네게 알게 한 이는 혈육이 아니요 하늘에 계신 내 아버지시니라.'  마태복음 16:17

이와 마찬가지로 모든 힘은 하나다. (다시 말해서 주이신 너의 신은 한 분이다.) 이 사실을 이해하는 것도 성스러운 영감을 통해서 찾아오는 기회 중 하나다.

이와 같은 경험을 갖기 위해서는 영과 일치되어 있어야만 된다. 베드로는 모든 것을 버리고 예수를 따랐다. 우리도 그렇게 할 수 있는가? 세속적인 눈으로 보면 그것은 쉬운 일이 아니다. 그러나 그 대가를 치른다면 주 안에서 완전히 하나가 되는 영광을 볼 수 있을지도 모른다.

우리의 활동에는 근본적인 기쁨이 있어야 한다. 우리는 모든 기회를 잡아 '이스라엘아 들으라, 우리 하나님 여호와는 오직 유일한 여호와이시니' 신명기 6:4 라는 사실을 실현하고 있음을 나타낼 수 있도록 정열을 쏟아 부어야 한다.

우리의 의지는 주의 마음과 하나가 되어 있는가? 아니면 자신의 소망이나 자신의 이기적인 흥미를 칭송하려 하고 있지는 않은지? 우리의 신뢰가 주 안에 있는 한, 십자가를 지고 걷는 길은 멀지 않으며 또 십자가는 우리가 질 수 없을 정도로 무거운 짐이 아니라는 것을 우리는 깨닫게 된다.

## 사랑하는 것은 기회다

이제 우리는 영의 속성을 알고, 그것을 자신을 위해 활용할 수 있다는 사실을 알게 되었다. 우리는 서서히 아버지이신 신의 임재를 알고, 모든 힘이 하나임을 알게 되었다. 그리고 완전한 상태로 돌아가기 위해서는 길이자, 진리이자, 생명이신 주를 통해야 한다는 사실을 알기에 이르렀다.

이 길은 사랑에 의해서 완성된다. 사랑하는 것은 인간에게 있어서 표현 가능한 가장 고귀한 감정이다. 사랑은 신에게 속한 것이 아니라 신 그 자체이다. 우리가 사랑을 표현하는 것은 우리 안에 있는 신의 힘을 나타내는 것이다. 육체(physical body), 정신체(mental body), 영체(spiritual body) 중 어느 것에서든 이 사랑의 힘은 가장 강하며 가장 우세한 영향력이다.

사랑하는 것은 우리에게 가장 커다란 기회다. 다른 모든 것에게는 불가능하다 할지라도 사랑하는 것은 행복을 가져다준다. 우리가 동포에 대한 사랑을 나타내려 할수록 모든 선이 우리의 일부가 된다. 생각과 말과 행위는 이 힘을 나날이 표현하기 위한 기회다.

네 자신을, 즉 너의 마음과 몸과 모든 능력을 네가 매일 만나고 접하는 사람들에게 봉사하는 기회로써, 성별(聖別)하라. 리딩 262-53

무지(無知)로 인해, 값을 매길 수 없을 정도로 귀중한 그림에 흠집을 내서 그 그림을 망쳐 버리는 경우가 있는 것처럼, 자기 힘을 잘못 사용함으로써 자신의 마음과 몸과 영혼에 해를 끼쳐 '우리를 구해주시는 것은 오직 신의 사랑뿐'이라는 상황에 빠지게 될지도 모른다. 사랑은 여러 채널로 인도할 수 있지만 완전한 사랑을 실현할 수 있는 분은 오직 한 분뿐이다. 그것은 '새 계명을 너희에게 주노니 서로 사랑하라' 요한복음 13:34고 말씀하신 주에게서 찾을 수 있다.

많은 사람들이 빛과 이해를 구하는 시대가 가까워졌다. 그러니 우리는 주의 길에 따라서, 우리에게 제시되어 온 사랑을 매일 드러내도록 하자. 바라건대 우리의 삶이 길을 구하는 사람들에게 모범이 되기를.

우리는 다음과 같이 기도하자.

주여 당신의 종인 저를 나아가야 할 길로 인도해 주소서.
제가 마음속으로 들어갈 때도, 거기서 나올 때에도 당신이 제게 걷게 하려는 길에 온전히 합당하기를. 저의 발걸음을 인도하시고 저의 마음을 인도해 주소서. 당신의 마음이 제 속에서 행해지기를. 제 마음은 당신의 마음을 강하게 구하고 있습니다. 바라건대 제가 나날이 행하는 일을 통해서 주는 그 성스러운 왕궁에 계시다는 사실을, 주의 영은 주의 이름을 부르는 자와 함께 계시다는 사실을, 제 영이 증거할 수 있게 해주소서. 왜냐하면 아버지가 사람의 아들들에게 보이시는 영광은 성스러운 길을 지키고, 인도하고, 유지하는 자에 의해서 나타나기 때문입니다.<sup>리딩 262-51</sup>

두 번째 가르침

# 낮과 밤
Day and Night

"하늘이 하나님의 영광을 선포하고
궁창이 그의 손으로 하신 일을 나타내는도다.
날은 날에게 말하고
밤은 밤에게 지식을 전하니
언어도 없고 말씀도 없으며 들리는 소리도 없으나
그의 소리가 온 땅에 통하고
그의 말씀이 세상 끝까지 이르도다."

– 시편 19:1-4

## 기도의 말

당신의 사랑으로, 오오 하늘에 계신 아버지여,
'날은 날에게 말하고 밤은 밤에게 지식을 전하니'라는
성경 구절에도 있는 것처럼
당신 사랑의 나타남에 대한 저희의 배움을 인도해 주소서.
바라건대 당신 사랑의 대리인으로서
저희 인생이 당신의 사랑을 나타내는 자가 되기를.

두 번째 가르침
# 낮과 밤

## 시작하며

낮과 밤은 지구상에서는 겉과 속의 관계에 있다. 그러나 이 낮과 밤도 우주에서 보면 지구가 태양의 주위를 돌 때 생기는 빛과 그림자에 지나지 않는다. 마찬가지로 물질세계에서 볼 수 있는 현상은 정신세계와 영적 세계의 그림자에 불과하다.

'……하나님이 빛과 어둠을 나누사 빛을 낮이라 부르시고 어둠을 밤이라 부르시니라.' 창세기 1:4-5

여기서 말하는 낮과 밤이란, 선과 악을 나타내는 영적 상징이다. 낮이란 빛의 근원을 향해 얼굴을 돌리는 것이며, 주의 계율을 지키려는 사람들에게 있어서 그것은 모든 사람의 마음과 의식과 영혼

속으로 찾아오는 그 '목소리(Voice)'이자, '말(Word)', '생명(Life)', '빛(Light)'이다. 그것이 사람에게 '빛'의 근원과의 관계를 깨닫게 한다. 한편 밤은 '빛'의 근원으로부터 외면하는 것이다.

정신에게 있어서 밤은 그 영혼이 신과의 조화를 잃은 상태이며, 낮은 모든 힘의 원천으로 돌아가는 길을 깨닫는 것을 의미한다.

비유적인 의미에서 낮은 '성장'을 나타내며 밤은 '휴식기간'을 나타낸다. 낮과 밤은 각각 지상에서의 낮의 활동과 밤의 휴식에 해당되는 것이다.

## 이 세계는 어째서 만들어졌을까?

모든 영혼은 태초에 만들어졌다. 이 '태초'란 지상의 태초가 아니라 우주의 태초를 말한다. '우리의 형상을 따라 우리의 모양대로 우리가 사람을 만들고'창세기 1:26라는 것은 영적인 의미에서의 창조를 설명한 것이다. 왜냐하면 신은 '영'이기 때문이다.

한편 '……땅을 갈 사람도 없었으므로 …… 여호와 하나님이 땅의 흙으로 사람을 지으시고 생기를 그 코에 불어넣으시니 사람이 생령이 되니라'창세기 2:5,7는 말이 있다. 이것은 제2의 창조를 설명한 것이다.

……모든 혼은 태초에 '아버지'와 하나였다. 거기에서의 분리, 일탈이 악을 가져다주었다. 그렇기 때문에 자신이 조화에서 벗어났다는 사실, 축복의 상태에 있지 않다는 사실을 깨달을 필요가 생겼다. …… 물질세계에서 자기 자신을 깨닫는 것이 창조주의 영적 세계, 영적 환경에서 자신이 분리되어 있다는 사실을 자각하는 유일한 길이며 방법이었다. 그리고 지금도 유일한 길이다.<sup>리딩 262-56</sup>

최초의 아담이신 주께서 그러셨던 것처럼 여러 가지 경험을 통해 우리의 영혼은 창조주와 떨어져 있다는 사실을 깨닫게 되었다. 우리와 창조주와의 관계를 이해함에 따라 우리는 물질세계의 경험 속에서도 빛 속을 걷게 되었다. 우리는 그것을 위해 여기에 온 것이다.

아담이었던 아들이 그랬던 것처럼 우리 역시 경험하고 괴로워함으로써 낮과 밤을, 빛과 어둠을, 선과 악을 알게 된다. '그가 아들이시면서도 받으신 고난으로 순종함을 배워서'<sup>히브리서 5:8</sup>라고 기록된 대로이다. 그리고 우리는 마침내 자신이 본래의 근원으로 돌아가는 도중에 있다는 사실을 깨닫게 된다. 바로 이것만이 우리의 영혼에 기쁨을 가져다준다.

## 날은 날에게 말하고

'오늘'이라는 하루는 하나의 기회이다. 마찬가지로 하나하나의 생애는 우리의 내면에서 빛이 솟아나기 위한, 오랜 동안의 기회에 지나지 않는다. 우리에게 요구되는 것은 손에 있는 것을 사용하는 것이다. 그렇게 하면 성장에 필요한 것은 언제나 주어질 것이라고 약속되어 있다. 사랑이신 신은 각각의 영혼이 눈뜨기를 끝까지 기다려주신다.

우리들 대부분은 이 세상의 물질적인 것을 얻고자 하거나, 타인에게 주는 일로 하루하루를 사용하고 있다. 우리는 자신들이 만들어낸 생활 패턴에 따라서 먹을 것과 입을 것, 살 곳을 마련해야 한다. 그러나 우리의 생활을 안락하게 하는 데 필요하다고 여겨지는 이들 물질과 사치는 매일 매일의 우리 삶에 동기를 부여하는 이상(理想)이 될 수는 없다. '먼저 그의 나라와 그의 의를 구하라 그리하면 이 모든 것을 너희에게 더하시리라'<sup>마태복음 6:33</sup>고 기록된 대로이다.

'이 모든 것'이란 무엇을 말하는 것일까? 그것은 평안과 만족을 위해 필요한 것이자, 영적 성장을 위해 필요한 것이다. 이것들은 우리가 매일 매일의 생활을 '진리'와 '생명'과 '빛'에 의해 부여받은 동기로 채움으로써 우리의 인생에 더해진다.

그렇다면 우리는 '빛'을 가지고 있는 것일까?

그 '빛'은 자기 안에서 발견할 수 있다. 우리를 어둠에 머물게 하는 문제의 해답을 자신 안에서 찾도록 하자. 자기 자신을 포함해 그 누구도 심판해서는 안 된다. 오히려 우리에게 주어진 지식과 이해와 기회를 어떻게 도움이 되는 것으로 만들지, 그것을 이해하도록 노력해야 한다.

> 각 사람들은 자신이 해온 말과 자신의 지금까지의 삶에 당당히 대면하여 "나는 이것으로 해서 스스로의 앞에 서고, 신 앞에 서서 심판받기를 원한다"고 말할 수 있는 삶을 하루하루 살아야 한다. 리딩 257-123

자기 자신이 영적으로 성장하고 있는지 후퇴하고 있는지를 확인하기 위해 스스로 점검해 보기로 하자. 우리의 계획은 신의 인도를 구하기에 합당한 것일까? 자신의 이기적인 욕망을 만족시키기 위해 계획되어 있지는 않은지? 신의 칭찬보다 이 세상의 물질적인 것을 사랑하고 있지는 않은지?

이러한 것들을 살펴봄으로써 우리는 자신이 신을 아는 길을 걷고 있는지 아니면 스스로의 영적 성장을 매우 더디게 하는 길에 서 있는지를 알 수 있다. 곰곰이 생각해보기 바란다. 정신(mental)은 창조자(builder)이며, 영혼(spiritual)은 안내자이자 생명 그 자체다. 그리고 물질계에 만들어진 상태는 그것들의 결과이다.

이 세상의 물질들을 통해서 일시적으로는 기쁨을 얻을 수 있을지 모른다. 그러나 우리의 발걸음은 언제나 다음과 같은 것이어야 한다. "나는 이웃과의 대화 속에서, 이웃에 대한 행위로써 내가 이해하는 창조주와의 관계를 나타낸다."리딩 257-123

다음 질문을 생각해 보기로 하자. "물질적으로 풍족해지는 것은 영적 성장을 방해하는 것일까?"

이 질문에 대한 답은 자기 자신이 결정해야만 된다. 물질적인 일에 대한 자신의 모습을 살피고 물질적 풍요로움에 관한 자신의 이상을 살펴보면 그 답을 찾을 수 있을 것이다. 자기중심적인 생각으로 하나의 빵을 탐하는 것은 부에 대한 강한 욕심과 자존심처럼 우리의 영성을 해친다. 커다란 빈곤과 커다란 부귀는 모든 영혼에게 언젠가 반드시 찾아온다. 영원한 영혼에게 있어서 이 두 가지를 경험할 시간은 충분히 있을 터이다.

우리가 육체라는 옷을 벗고 물질세계에서의 활동을 끝냈을 때 우리는 대체 무엇을 가지고 가는 걸까? 건설적인 힘, 혹은 파괴적인 힘으로 자신 속에 쌓아 온 것을 가지고 가는 것은 아닐까?

우리는 시간적으로도 공간적으로도 무한을 살아가는 것이니 우리의 삶이 자기 자신뿐만 아니라 우리 뒤에 올 사람들에게도 생명의 본질에 대한 이해를 더해 주는 것이 되도록 '빛'의 길을 걷도록 하자. 적격자로 인정을 받아 창조주 앞에 설 수 있도록˙ 노력하고,

---

˙ 디모데후서 2:15

영적 생활과 정신적 생활은 물질생활과는 다르다는 오류에 빠지지 않도록 하자. 물질생활은 영적 생활이나 정신생활을 반영하는 것이며, 그 반대도 역시 마찬가지라는 사실을 알아야 한다.

우리가 '빛' 속에서 살아간다면 그림자는 뒤로 물러나게 된다. 우리가 '빛'에서 고개를 돌리면 거기에 보이는 것은 그림자뿐이며 생명도, 정신도, 물질도 존재하지 않는다.

우리가 이웃 속을 걸으며 이웃과 교제할 때 우리가 그들 위에 비치는 빛의 풍요로움에 따라서, 또 내면의 천국에 대한 이해의 정도에 따라서 '날은 날에게 말하고"라는 말의 참된 의미를 우리도 이해할 수 있게 된다. 왜냐하면 우리는 자신이 진정으로 알고 있는 것 외에는 다른 사람에게 전달할 수 없기 때문이다.

## 밤은 밤에게 지식을 전하니

빛 이전에 어둠이 있었다. 사람이 신에게서 등을 돌리는 어둠이 있었다. 그 밤에 영혼은 괴로움을 통해서 보편적 법칙을 배웠다. 이 분리를 통해서 구원의 길이 준비되었다. '그 안에 생명이 있었으니 이 생명은 사람들의 빛이라. 빛이 어둠에 비치되 어둠이 깨닫지 못

---

* 시편 19:2

하더라'요한복음 1:4-5는 구절이 그것을 의미한다.

우리 안에는 원초적으로 이러한 '결별'과 같은 패턴이 있다. 밤이 되면 휴식과 자기성찰, 명상 그리고 영감(inspiration)이 우리를 찾아온다. 만일 그런 본능이 없다면 우리의 인생은 죄를 범하거나, 고난이나 정신적 고통의 순간으로 점철되어 버릴 것이다.

이와 마찬가지로 삶을 경험하려는 각각의 내면에 밤은 우리에게 사랑과 공감이라는 교훈을 가르쳐 우리를 변화시켜 놓거나, 아니면 우리를 고집스럽게 만들어서 매몰시켜 결국에는 우리의 인생 자체를 불지옥으로 바꿔 버린다.

우리는 차츰 '인생이란 아버지와 우리의 관계를 보다 잘 이해하기 위한 기회'라는 사실을 배우게 된다. 우리의 경험이 우리를 주처럼 만들어 준다면, 넘어진 사람들에게도 친절하고 배려심이 깊어진다면, 권력의 자리에 있는 사람들에게도 관용적이 된다면, 그것이 바로 가치 있는 경험이다.

밤은 빛의 소중함을 가르쳐주는 기회가 된다. 왜냐하면 어려운 경험이 우리에게 지혜를 가져다주기 때문이다. 밤은 진실이 새겨지는 필름과 같다. 그 경험들을 통해서 우리는 빛의 작용에 대한 지식을 얻어, 우리가 빛과 하나가 되려 하고 있는지, 아니면 어둠 속에 사로잡혀 있는지를 알 수 있게 된다.

우리는 우리 내면에 '빛'과 '어둠' 양면을 다 가지고 있다. 신이 태초에 온 우주에서 빛과 어둠을 구분하신 것처럼 우리도 빛과 어둠을 구분해야만 된다. 창조는 우리 속에서 지금도 여전히 진행 중이며, 우리는 빛의 자식이 되거나 어둠이 자식이 되거나, 둘 중 하나가 된다.

어둠 속에 있는 동안 우리는 자기 안의 빛을 통해서 빛을 의식하게 된다. 이때야말로 빛으로 시선을 돌려 육체에 머물면서 빛의 소중함을 아는 기회를 포착할 수 있게 된다. 육체에 머물면서도 이러하니 영적 세계에서는 이것이 얼마나 가능하겠는가!

'보라 내가 오늘 생명과 복과 사망과 화를 네 앞에 두었나니'신명기 30:15, '너희가 섬길 자를 오늘 택하라'여호수아 24:15고 되어 있는 대로이다.

우리가 남을 도우려면 우리의 영적 활동은 낮 동안의 빛 속에서 이루어져야 한다. 왜냐하면 움직일 수 없게 되는 의혹의 밤이 찾아오기 때문이다. 그때 우리는 지금까지 뿌렸던 것들을 거두어들인다.

주께서 시험에 드셨을 때 주는 악의 존재를 부정하지 않으셨다. 오히려 주는 악을 있는 그대로 인식하시고 '사탄아 물러가라'마태복음 4:10고 말씀하셔 악을 물러나게 했다. 밤의 중대한 시련을 통과할 때 우리에게 필요한 것은 자신의 뜻을 그리스도의 마음과 하나가 되게 하는 것뿐이다. 이 일을 철저하게 행하면 무거운 짐은 가벼워지고 시련은 견디기 쉬운 것이 된다.

## 낮과 밤을 경험하자

때로는 친구나 사랑하는 사람이 불친절하게 느껴져 그들의 말에 신경을 곤두세우게 되는 일이 있다. 그런데 만약 우리가 자기 자신을 잘 살펴보면 평정심을 잃은 것은 오히려 자신이라는 사실을 알게 될 것이다. 우리가 빛에서 멀어져 있었던 것이다. 이러한 상태로는 주위 사람들에 대한 축복의 수로로써 적합하지 않으며, 스스로 의심과 판단 착오를 초래하게 된다. 우리는 자기 자신 속에 있는 것을 타인 속에서도 발견하는 법이다. 자신에게 없는 것을 어떻게 남에게서 발견할 수 있겠는가?

낮이란 주의 계명을 구하는 마음을 가지고 '빛'의 원천을 향해 나아가는 것이라는 사실을 알아야 한다. 우리의 마음속으로 들어와 '빛'의 원천과의 관계를 깨닫게 하고 다른 사람들과의 교제를 도와주는 것은 그리스도의 '성령(spirit)'이다.

"저는 커다란 빛을 보았습니다. '성령'이 출현한 것이라는 사실을 저는 알 수 있었습니다. 그 빛은 저를 향해 다가와 저의 자아 속에서 사라졌습니다. 이 체험은 제 육체가 살아 계신 신의 신전이라는 인식을 더욱 분명하게 하여, 주가 더욱 빨리 오시게 하는 방법으로 제 내면의 빛을 빛나게 해야 한다는 사실을 강하게 자각하게 해주었습니다."*

사람이 신(혹은 선)에서 멀어지면 그 사람은 인생의 어두운 밤을 살아가게 된다. 그런 상황에서는 낮의 힘과 밤의 힘이 끊임없이 싸우고 있다. 그와 같은 상태가 사람들을 얼마나 비참하게 만드는가!

세계 곳곳에서 사람들은 거기에 존재하는 정치 불안과 소란과, 혼란을 가라앉힐 방법을 찾고 있다. 그러나 외부로부터의 평화를 바라기 전에, 내부로부터의 평화가 생겨나지 않으면 안 된다. 이 사실을 모든 사람들이 인식한다면 많은 문제가 해결될 것이다. '그 마음의 생각이 어떠하면 그 위인도 그러한즉'[잠언 23:7]이라고 기록된 대로이다.

"사람들이 어떤 식으로 사고하는가?"하는 것에서 그 세계의 의식 수준이 나타난다. 그 의식 상태는 하늘만큼의 높이가 되기도 하고, 모든 것들이 어둠에 잠길 정도로 저급한 것이 될 수도 있다.

우리는 밤에게서 무엇을 배우면 좋을까? 우리는 스스로 밤을 만들어낸 것일까? 아니면 우리가 고통을 짊어짐으로써 다른 사람에게 빛을 가져다주려 하는 것일까?

주는 다른 사람들이 자유로워지도록 '도수장으로 끌려가는 어

---

* 스터디그룹 멤버의 개인적인 체험.

린 양과 털 깎는 자 앞에 잠잠한 양같이 그의 입을 열지 아니하였도다.'<sup>이사야서 53:7</sup> 만약 우리가 고통 받음으로 해서 다른 사람들의 이해를 도울 수 있다면 우리는 사도처럼 고난 속에서도 기뻐할 수가 있다. 그것은 우리에게 '지극히 크고 영원한 영광의 중한 것을'<sup>고린도후서 4:17</sup> 가져다준다.

## 우리는 알파이자 오메가다

지상에서 우리 존재의 처음부터 끝까지 모든 것은 우리가 '아버지'와 하나라는 사실을 남김없이 실현하여 신의 동반자로서 부족함이 없는 자가 되는 데 있다. 낮과 밤, 빛과 어둠, 다툼과 정복, 사랑과 봉사는 그 목표에 이르기 위한 수단이다. 삶에서 부딪치는 각 문제점들은 그 어떠한 것이라 할지라도 보다 커다란 봉사로 가는 디딤돌로 삼을 수가 있다.

'너희가 알지 못하였느냐. 너희가 듣지 못하였느냐. 태초부터 너희에게 전하지 아니하였느냐. 땅의 기초가 창조될 때부터 너희가 깨닫지 못하였느냐. 그는 땅 위 궁창에 앉으시나니. …… 너는 듣지 못하였느냐. 영원하신 하나님 여호와, 땅 끝까지 창조하신 이는 피곤하지 않으시며 곤비하지 않으시며 명철이 한이 없으시며.'<sup>이사야서 40:21,22,28</sup>

(신은) 물질세계에 출현한 것의, 혹은 사람이 유한한 마음을 가지고 사고를 하는 바 (3)차원 세계로 알고 있는 세계에 출현한 것의 처음이자 마지막이다. (이 사실을 이해함으로써) '우리는 알파이자 오메가다. 시작이자 끝이다'라는 말의 정확한 개념이 사람에게도 찾아온다.

신이시자 아버지, 위대한 영(靈)은 모든 활동에 작용하지만 그것만으로는 인간을 구원하기에 충분하지 않다. 왜냐하면 인간은 자유의지를 가진 존재이기 때문이다. 알파가 시작이고 오메가가 끝이라는 사실에 나타나 있는 것처럼. 인간이 (신으로서) 처음과 마지막을 향해서 성장하는 것은 (이 시작과 끝 사이에서 펼쳐지는 모든 활동에 관해서) 확인하고 선택하고, 분리하고, 창조하고 거기에 더해 나가는 것이 필요하기 때문이다. 리딩 262-55

신의 아들로서의 자격은 우리의 자유의지에 따라 행하는 선택에서 나타난다. 우리의 내면에는 합당한 선택을 촉구하는 힘이 언제나 작용하고 있다.

태초에 우리가 신과 하나였던 것처럼 마지막에는 '빛'이자 '진리'이자 '길'인 주를 통해서 우리는 신과 하나가 된다.

## 마무리

창조주와의 관계를 자각하고, 인식하고, 또 자신이라는 존재를 신에게 남김없이 드려 산 제물로 바치기 위해서는 삶에서의 낮과 밤의 구별을 배워야 한다. 다시 말해 참으로 가치 있는 것을 그것이 원래 있어야 할 자리에 놓을 수 있어야 한다. 이를 달성하기 위해서는 궁극적인 시련의 시간이 필요할지도 모른다. 우리가 빛을 향해 성장함에 따라 우리는 '성스러운 지혜'를 흡수하고 그것이 '진리'를 깨닫게 도와준다.

우리의 인생은 그 결실에 따라 심판되어야 한다. 그 결실이 평안, 조화, 공정, 사랑이라면 빛이 반짝이고 있다는 표시이다. 그와 반대되는 결과가 있다면 우리의 내면에는 아직 새벽이 오지 않은 것이다.

탐구와 함께 커다란 혼란이 우리 인생에 발생할지도 모른다. 견실한 토대 위에 있다고 믿었던 생각이 우리 발밑에서 무너져 내릴지도 모른다. 우리가 은연중에 자신감을 품고 있는 것이 사실은 거짓된 것일지도 모른다. 신만이 영원히 변하지 않는다. 우리가 신의 법칙과 일치된 삶을 살고, 성실하게 빛을 구한다면 우리를 가로막던 장애물은 우리의 가장 소중한 소망을 실현하기 위한 디딤돌이 될 것이다. 그리고 그 동안 우리를 속박하고 있던 불순물과 찌꺼기는 불에 타버릴 것이다. 그와 같은 경험은 견디기 힘든 것일지도 모른다. 그러나 우리가 열심히 목표로 삼고 있는 지점에 도달하는 것을 돕는다는 점에서, 그와 같은 걸림돌에도 커다란 가치가 있다.

이기적인 마음으로 구해서는 안 된다. 주의 마음이 모든 일에 있어서 행해지기를 바라야 한다. 다른 사람들에게 이기기 위해서, 남보다 뛰어난 지혜를 얻기 위해서, 남들보다 앞서기 위해서 구하는 것이 아니다. 신은 우리의 가능성을 우리보다 훨씬 더 잘 알고 계신다. 우리가 그 의무를 수행하기에 합당하다고 신께서 생각하시면 그 길은 열린다. 영광과 찬미의 전부를, 모든 선이자 완전한 선물을 주신 신께 바치기로 하자. 왜냐하면 신은 우리가 암흑의 세계에서 빠져나올 수 있도록 그 아들까지 이 세상에 보내셨기 때문이다.

아들의 권위가 떨어지는 일은 결코 없다. 아들의 성령은 바위투성이인 험한 길에서 인도를 바라는 사람들을 인도하기 위해서, 그리고 발을 헛디뎌 넘어진 사람들을 도와 일으키기 위해서 언제나 우리를 지켜보고 있다.

'선한 신'의 무한한 힘을 믿고, 이 세상에 대한 신의 계획은 결코 번복되지 않는다는 사실을 알도록 하자. 우리가 어두운 길을 선택한다면 우리가 걸려 넘어진 그 돌에서부터라도 신은 다른 사람을 만들어 그 사람에게 신의 계획을 계속 수행하도록 할 수 있다는 사실을 알도록 하자. 신을 속일 수는 없다.

내 영을 떠나 어디로 가며

주의 앞에서 어디로 피하리이까.

하늘에 올라갈지라도 주는 거기 계시며

스올에 내 자리를 펼지라도 보라, 주는 거기 계시니이다.

새벽 날개를 치며 바다 끝에 가서 거주할지라도

거기서도 주의 손이 나를 인도하시며

주의 오른손이 나를 붙드시리이다.

내가 말하기를 '흑암이 나를 덮을지라도

밤조차 내 주위의 빛이 된다.'

주에게서는 흑암이 숨기지 못하며

밤이 낮과 같이 비추이나니

주에게는 흑암과 빛이 같음이니이다.*

---

\* 시편 139:7-12

세 번째 가르침

# 지상에서의 신의 작용
## God, The Father, and Manifestation in the Earth

이에 의인들이 대답하여 이르되
'주여 우리가 어느 때에 주께서 주리신 것을 보고 음식을 대접하였으며
목마르신 것을 보고 마시게 하였나이까.
어느 때에 나그네 되신 것을 보고 영접하였으며
헐벗으신 것을 보고 옷 입혔나이까.
어느 때에 병드신 것이나 옥에 갇히신 것을 보고 가서 뵈었나이까' 하리니,
왕이 대답하여 이르시되
'내가 진실로 너희에게 이르노니
너희가 여기 내 형제 중에 지극히 작은 자 하나에게 한 것이 곧 내게 한 것이니라.'
– 마태복음 25:37-40

## 기도의 말

바라건대 우리가 마음으로 원하는 모든 것이
그리스도에게 인도받아
우리 안에 아버지의 성령이 나타나심을
더욱 분명히 알게 되기를.

세 번째 가르침
# 지상에서의 신의 작용

## 시작하며

이번 배움에서는 '물질세계에 나타나는 신의 성령의 작용을 어떻게 해야 우리가 이해하게 되는가?' 하는 데 대해서 생각해 보기로 하자.

이 스터디의 목적이 어느 정도까지 달성되느냐 하는 것은 지금까지 각 과에서 배운 것이 얼마나 실천되어 왔는가에 따라서 달라진다. 각 과는 신을 탐구하기 위한 단계와도 같다. 이것들을 통해서 우리는 내면의 신의 존재를 남김없이 알게 된다.

## 위대한 질문

우리는 신을 어떠한 존재로 생각하고 있을까? 우리의 인생에 있어서 신은 단순한 사실-전지전능하고, 만물을 포함하고, 모든 곳에 나타나는 힘-에 불과한 것일까? 그도 아니면 사랑으로 넘쳐나는 관대한 아버지와 같은 존재일까?

자신의 내면 깊은 곳으로 들어가면 누구도 사실로서의 신을 의심할 수 없을 것이다. 모든 사람들은 생명 그 자체가 과학적 설명을 훨씬 뛰어넘는 신비임을 알고 있다. 생명이 나타나기 위해서는 그것을 낳은 '원천'이 존재해야만 한다. 사람들은 그 '원천'을 여러 가지 이름으로 불러왔으나 그 모든 이들이 우주의 복잡함과 완벽함에 놀라지 않을 수 없었다. 많은 사람들에게 있어서 사실로서의 신을 발견하는 데 특별한 의식(意識)은 필요하지 않다. 왜냐하면 신은 수고하는 모든 사람들을 풍요롭게 해주시기 때문이다. 신은 모든 것에 어떠한 때에라도 나타나신다. 신을 사실이라고 생각하는 이유이다.

그렇다면 우리는 어떻게 해야 신을 아버지로서 알게 될까? 신은 신을 구하는 사람들에게만 아버지로서 나타나신다. '너희는 내 백성이 되겠고 나는 너희들의 하나님이 되리라'[예레미야 30:22]고 기록되어 있는 대로이다.

따라서 우리는 자신이 이해하고 있는 아버지의 뜻을 행하는 자로서 자신이 하는 말, 자기 손이 행하는 일이 아버지의 마음을 나타내는 것이 되도록 노력해야 한다. 그렇게 함으로써 우리의 행위와 생각은 신이 나타나기 위한 수로가 되는 것이다.

어머니 외에 이 세상에서 누가 어머니의 마음을 알 수 있겠는가? 신이 모든 사람들의 인생에 하루하루 보여주시는 것을 자기 손이 행하는 일과 마음의 생각으로 실천하는 사람들을 제외하고 대체 누가 아버지이신 신의 마음을 알 수 있겠는가?

신을 아는 길이 너무나도 단순하기 때문에 모든 사람들이 자만에 빠져 자신을 뛰어난 사람이라고 생각하여 발을 헛딛게 된다. 리딩 262-58

우리는 이 세계에서 신의 사랑과 영광을 나타내기 위한 수로가 되기를 바라기보다 이기적인 마음으로 자기 자신의 목적을 이루려 한다.

아버지이신 신께서 그 사랑과 영광을 이 세상에 나타내시기 위한 수로가 되어라. 내면의 목소리에 귀를 기울여라. 네가 자신의 내면을 들여다보기만 한다면 신은 너희 한 사람 한 사람의 바로 곁에 계시니. 네가 하는 일에 있어서 자신을 지우고, 이 세상에서 아버지와 그리스도의 영광을 나타내기를 바란다면 신이 사람들에게 나타내신 사랑을 실현하고 있다는 의식이 모든 사람들에게 전해질 것이다.

　아버지이신 신의 '나타남'이란 무엇일까? 성령의 열매이다. 다시 말해서 다정함, 친절, 부드러운 말, 인내, 희망 그리고 무엇보다 행위와 말의 일치다. 너의 행위로 영광을 받으라. 너의 말로 기뻐하라. 이 말과 행동이 그리스도와 진리의 영에 의해서 인도되고 있다는 사실을 증거 하는 삶을 사는 사람은 얼마나 행복한가! 리딩 262-58

　그러면 당연한 일이지만 다음과 같은 의문이 생겨난다. '다른 사람들의 말과 행동이 우리에게 큰 상처가 될 때, 어찌 그러한 언동을 신의 나타남이라고 해석할 수 있겠는가?'

　당신들이 심판받지 않도록 하기 위해 말이나 생각, 행동에 있어서 남을 심판해서는 안 된다. 화가 치밀어 올라도 죄를 범해서는 안 된다. 끝까지 참고, 일곱 번의 일곱 배라도 용서해야 한다. 아니, 일곱 번의 일흔 번이라도 용서해야 한다.*

　다른 사람이 어떤 행동을 하든, 그들은 그런 행동을 보임으로써 자신들이 이해하고 있는 신을 표현하거나 혹은 나타내려 하는 것이

---

* 리딩 262-59 참조.

라는 점을 우리는 알아야 한다. 우리의 생각이나 행위를 보면 우리를 움직이게 하는 힘이 무엇인지를 보여주는 것이다. 우리는 심판하는 자, 타인의 흠을 찾아내는 자가 되어서는 안 된다. 과오를 범한 사람들에게 관용을 베풀자. 왜냐하면 그들은 자신들이 무엇을 하고 있는지 모르기 때문이다.

## 아버지이신 신

우리는 신을 사랑이 넘치는 아버지로 알고 있는 것일까? 그러한 경험이 없다면 그것은 어째서일까? 어째서 두려워하는 것일까? 우리는 너무 게으른 것일까? 모든 것의 배후에 존재하는 위대한 '힘'에 대해서는 조금도 생각해보지 않고 신이 만드신 세계의 은혜와 즐거움만을 받으려 하는 것일까?

삶의 본질을 잘못 이해하는 것이 인간을 자기중심적이고 독선적인 존재로 만들어 버린다. 결국 그로 인해 우리는 자신들의 동포를 비참한 상태로 내모는 것이며, 자기 자신에게도 혼란과 괴로움이 찾아오게 하는 것이다.

아버지이신 신과의 관계를 알려면 우리는 종종 괴로움과 시련을 거쳐야 한다. 그것은 신이 우리를 발견하기 위한 길이 아니다. 우리 자신이 잘못된 길에 있다는 사실을 깨닫기 위한 경험이다. 모든 시련은 우리 자신이 만들어 온 것이다. 이 사실을 언제까지고 인정하지 않는다면, 또 그에 대해 아무런 노력도 하지 않는다면, 그만큼 아버지이신 신과의 완전한 관계에 들어가는 것이 늦어진다. 자신의 길을 방해하고 있는 것은 결국 자기 자신이라는 사실을 깨달아야 한다.

예수 그리스도는 아버지이신 신의 사랑의 가장 커다란 모범이다. 예수가 보이신 가르침으로 신은 한 사람 한 사람의 마음에 이해를 가져다주시며, 신에게로 돌아선 모든 영혼에게 평안을 주신다.

## 지상에서의 신의 드러내심

신의 아들이라면 신의 성령을 지상에 나타내려 하는 법이다. 이는 '같은 종류는 같은 종류끼리 모인다'는 법칙에 의한 것이다.

우리는 한 사람 한 사람이 신의 몸 속에 있는 혈구(血球)와 같은 존재로, 각자 자신의 역할을 수행한다.

신은 인간과는 다른 척도로써 인간으로서의 성장 정도를 평가하신다. 동포의 피를 흘리게 하면서까지 권력을 얻으려는 사람이 아닌, 사랑의 정신을 소유한 사람이 진정으로 위대한 사람이다. 자신의 영광을 구하는 자가 있는가 하면, 사심이 없는 가운데서 영광을 받는 자도 있다. 커다란 어려움 속에서도 성령의 열매를 발휘한 사람들의 생애를 살펴 그들의 노력에 의해서 세계가 얼마나 윤택해졌는지를 안다면 우리는 신념을 가지고 우리의 사명을 실행할 수 있는 용기가 솟아오르게 될 것이다.

주 예수는 아버지 품으로 가신다고 말씀하셨다. 주 예수는 아버지이신 신과의 의식에서 하나가 되어 우리가 주의 이름으로 원하는 것은 무엇이든, 구세주이신 그리스도가 이 세상에서 영광을 받기 위해서, 아버지가 우리에게 주실 것이라고 말씀하셨다.요한복음 14:13 우리가 주의 것이라면 주의 영광과 우리의 이익을 위해서 우리의 기도는 답을 얻게 되는 것이다.

우리는 때때로 불의 시련에 의해서 단련되어야 한다. 육체의 불, 욕망의 불, 육욕의 충동의 불은 전부 태워 없애야 한다.

우리의 영혼을 시험하는 것 같은 상황이 발생하고, 우리는 몸부림치듯 괴로워하며 그 이유를 찾는다. 그와 같은 때야말로 '가만히 있어 내가 하나님 됨을 알지어다'시편 46:10라는 교훈을 마음에 불러일으키도록 하자. 그로 인해서 깊고 흔들림 없는 평안과 기쁨을 찾게 될 것이다.

때로는 어떤 영혼이 성장하기에 합당한 상황이 무르익는 경우도 있다. 전지전능하시고 사랑으로 넘쳐나시는 신은 그 영혼이 물질세계에서의 경험을 성장을 위한 기회로 삼을 수 있도록 인도하시고 계획하시는 경우도 있다. 그 영혼은 신에 대한 자기 자신의 이해를 스스로의 마음과 몸을 사용해 나타냄으로써 성장한다. 그러나 다른 사람의 눈에는 그것이 종종 죄나 과오로 보이는 경우도 있다. 우리가 사람을 심판할 때, 최초의 죄*가 그랬던 것처럼 그것은 우리 자신의 자만심의 표출이자 우리 자신이 과거에 범한 적이 있는 과오로 사람을 심판하려는 것이나 다름없다. 왜냐하면 자신이 같은 과오를 범하지 않았다면 우리는 그들의 허물을 인식할 수 없을 것이기 때문이다.


## 지상에 나타난 최고의 것

아버지이신 신의 사랑을 알기 원한다면 (그 사랑은 죄, 과오, 질병 그리고 물질세계에서의 죽음까지도 극복하신 아들을 통해서 나타나 왔는데) 우리 안에 자리잡고 있는 신의 힘에 의지하고, 자기 자신의 경험을 통해 그리스도의 의식, 그리스도의 삶을 좀 더 깊이 이해해야 한다.

그것을 실현하기 위해서 친구나 지인, 혹은 적대자로부터 멀리 떨어져 자신의 내면 속으로 숨어버릴 필요는 없다. 예수는 결코 그와 같은 일은 하지 않으셨다. 영혼의 열매를 남김없이 발휘하는 것이 우리의 목적이라면, 바로 우리의 삶을 통해서만 그 목적을 실현

---

* 창세기 참조.

할 수 있기 때문이다. 그러기 위해서는 우리를 위해 주께서 준비해 주신 길을 이해해야만 한다. 이것은 죄나 과오를 부인한다고 해서 달성되는 것이 아니다. 죄와 과오는 신의 것이 아니라 우리의 의도적인 불복종에서 기인한 것이다. 우리 안에 탐욕, 고집, 미움, 이기심, 불친절, 사악한 삶이 고개를 든다면, 그것은 그 열매인 다툼, 불화, 미움, 탐욕이라는 형태로 나타나 빛으로부터의 외면을 가져다 줄 것이다.

신의 빛에서 얼굴을 돌리는 자의 눈에 보이는 것은 그림자와 어둠뿐이다. 그러나 그리스도를 통해서 지상에 나타난 신의 사랑을 바라보면 그 인생에서도 새로운 생명의 빛과 영광을 볼 수 있다. 왜냐하면 '그의 인자하심이 영원'<sup>시편 118:29</sup>하기 때문이다.

아버지는 자신의 자녀를 버리지 않으신다. 모든 시련에 대해서 벗어날 길을 마련해 주신다. 그러한 은혜를 받고 있는 우리가 자비심이 부족해서 되겠는가? 우리는 처음에 신의 자녀로 만들어졌지만 그처럼 행동하는 사람은 거의 없다.

지상에 나타난 최고의 것을 좀 더 깊이 이해하고 싶다면 시간과 공간은 존재하지 않는다는 사실, 예수는 이 세상의 시작부터 자신을 희생으로 바치셨다는 사실, 그리고 그 때문에 인간 예수의 신성함은 지상에서 행한 모든 일에 있어서 완전했다는 사실, 이러한 사실들을 알아야만 한다.

우리를 통해 최고의 것을 드러내기 원한다면 주 예수가 행하신 것처럼 우리도 기꺼이 용서하는 마음을 가져야 한다. 예수는 사람의 영혼이 이미 알고 있는 도덕률 외에 어떠한 계율도 정하지 않으셨다. 이를 통해서 우리는 신의 성령이 우리 안에 깃들어 있다는 사실을, 그리고 신의 힘과 정의가 우리 안에 있다는 사실을 인정할 때 비로소 신의 성령이 우리 안에서 약동한다는 사실을 이해할 수 있게 된다.

예수가 사람들 가운데 사셨을 때 주의 임재는 육체의 치유를 구하는 모든 사람들을 깨끗이 치유하고 각각의 인생에서 영혼의 열매를 나타낼 수 있도록 그들을 인도하셨다. 예수는 그들의 육체를 무덤에서, 죽음에서 구원하신 것이 아니다. 그러나 그들의 영혼과 그들의 정신을 거듭나게 하여 옛날 여호수아가 외쳤던 것처럼 '나와 내 집은 여호와를 섬기겠노라'<sup>여호수아 24:15</sup>는 말을 그들에게도 외치게 했다.

이 세상 인간의 역사를 통해서 여러 시대에 교사라고 할 만한 사람들이 나타나, 사람들로 하여금 육체와 마음의 욕망을 억제하는 여러 형식과 이론을 내세워 인류의 성장을 어느 단계로까지 끌어올려 왔다.

그런데 대담하게도 자신을 살아 계신 신의 아들이라고 선언한 교사가 나타났다. 그는 욕망에 대해 어떠한 규칙도 세우지 않았다. 그는 '무엇이든지 남에게 대접을 받고자 하는 대로 너희도 남을 대접하라'<sup>마태복음 7:12</sup>, '내 형제 중에 지극히 작은 자 하나에게 한 것이 곧 내게 한 것이니라'^{마태복음 25:40}는 도덕률 외에는 어떠한 도덕률도 정하지 않으셨다. 예수는, 하늘의 나라는 각자 사람들 속에 있다는 사실을, 그리고 신은 모든 사람에게 있어서 아버지이심을 깨닫는다면 누구라도 신의 나라를 발견할 수 있을 것이라고 선언하셨다. 이 교사가 그리스도가 되셨다.

여기서 우리는 친구이자, 형제이자, 동료를 발견하는 것이다. '이제부터는 너희를 종이라 하지 아니하리니. …… 나는 너희를 친구라 하였노니'^{요한복음 15:15}라고 말씀하신 대로이다. 왜냐하면 주는 믿는 자에게는 누구에게나 신의 아들이 될 힘을 주고, 또 주의 계율을 스스로의 이상(理想)으로 정한 사람은 신의 힘이 언제나 임함을 알고 자각한다는 점에서 예수 그리스도와 함께 상속자이기 때문이다.

그렇다면 주께서는 무엇을 이상으로 삼으셨을까?

주는 남들이 자신에게 해주기 바라는 일을 스스로 갈등하거나 걱정하지 말고 이웃에게 해주어야 한다고 말씀하셨다. 왜냐하면 주는 우리가 필요로 하는 것을 잘 알고 계시기 때문이다. 그렇다면 우리는 지금 자기 자신을 발견한 장소, 그 의식 상태야말로 우리가 크게 깨닫고 성장하기 위해 필요한 상태임을 알아야 한다.

지금 '수고하고 무거운 짐 진 자들아 다 내게로 오라. 내가 너희를 쉬게 하리라'^{마태복음 11:28}고 말씀하시는 주의 목소리를 듣기 바란다. 주는 주에게 온전한 신뢰를 두는 사람들을 사랑하신다.

바로 그것이 미움이나 악의, 불안, 질투를 멀리하는 마음가짐이다. 마음은 '만드는 자(builder)'이기에, 이들 나쁜 감정 대신 영혼의 열매인 사랑, 인내, 자비, 참음, 친절, 부드러움이 만들어진다. 이들 선한 마음을 거스른다면 어떠한 율법도 성립되지 않는다. 이러한 마음은 장벽을 부수고 평안과 조화를 가져다준다. 영혼의 열매에 의해 살아가면 지금 우리 주변의 누군가가 이기적이었다고 해도, 판단이 옳지 않았다 해도, 무엇인가를 '잊었다'고 해도 거기서 비난거리를 찾아내지 않는 삶이 몸에 배게 된다. 주가 그렇게 하셨던 것처럼 그러한 결점을 용서할 수 있을 것이다.

주는 당신이 이 세상에서 선택하신 제자들에게서 버림을 받았다. 그러나 격하게 흥분한 제사장이나 편협한 율법학자, 부정한 관리들의 손에 넘겨져 그들이 함부로 다룰 때조차도 주님은 제자들에게 실망을 품지 않으셨으며 우리의 희망과 약속의 초석이 되어 주셨다.

## 우리는 신의 나타남이다

이번 과를 배우고 경험하고, 혹은 명상함으로써 지금까지 이해해 온 영적 법칙을 현실의 삶에 활용하도록 하자.

예수가 가르치신 것처럼, 설령 우리가 주의 이름을 부르고 주의 이름으로 병자를 고치고 악령을 물리쳤다 할지라도 주에게는 인정받지 못하는 경우도 있다. 주와 친밀한 관계를 맺고 있다고 말할 수 있으려면 그 인생에서 영혼에 속한 것, 영혼의 열매에 속한 것을 드러내야만 된다. '나더러 주여, 주여, 하는 자마다 다 천국에 들어갈 것이 아니요 다만 하늘에 계신 내 아버지의 뜻대로 행하는 자라야 들어가리라'<sup>마태복음 7:21</sup>고 기록된 대로이다.

그렇다면 아버지이신 신을 지상에 나타낸다는 것은 무엇을 뜻하는 것일까? 그것은 모든 사람에 대해 선을 행하는 것이다. 설령 이웃이 골칫거리나 의심, 불안, 괴로움을 끌어안고 있다 할지라도 있는 그대로 그들을 받아들여, 생각에 있어서나, 행위에 있어서나 영혼의 열매(즉, 사랑, 인내, 자비, 참음, 친절, 부드러움)를 나타내는 것이다.

우리가 그리스도의 열매, 그리스도 의식(意識)의 열매를 말과 행동과 타인과의 사귐에서 나타냄에 따라 우리는 그리스도가 그랬던 것처럼 이 지상에서 모든 사람(그들이 그리스도를 따르는 사람들이든, 그리스도가 몸소 가르치신 것을 거부하는 사람들이든)에게 선을 나타내게 된다. 이렇게 해서 아들은 이 지상에서 아버지이신 신을 나타내셨다. 이처럼 우리는 주를 모범으로 가지고 있는 것이다.

자신이 이해하고 있는 진리를 실천함에 따라서 우리는 이기적인 사람들의 발밑을 비추는 등불이 되는 경험, 구하는 사람들의 도움이 되는 경험, 방황하는 사람들의 빛이 되는 경험, 그리고 주를 따르는 사람들의 인생에 나타나는 신의 사랑과 그 신의 사랑을 알려고 하는 사람들을 인도하는 경험, 이러한 것들을 쌓아 나가게 될 것이다.

우리의 빛이란 무엇일까? 우리를 인도하는 것은 무엇일까? 이웃 사람들과의 경험에서 영적 법칙이 어떻게 작용하는지를 확인하기 위해서 '최선의 배려를 다한다'는 법칙을 시험해본 적이 있는가?

미소는 희망을 가져다준다. 그 희망이 행동을 가능하게 하며 행동이 실의에 빠진 사람들, 낙담한 사람들을 위한 피난처를 만들어 준다.

설령 하늘이 무너진다 할지라도 미소를 잃지 말자. 이기심으로 꽉 찬 세상에서 우리의 존재는 미미할지라도 우리를 속죄하기 위해서 당신을 주신 주의 빛을 기뻐하고 칭송하자.

그리스도를 너의 안내자로 삼으라. 그리스도에게 너의 저택을 짓게 하라. 네가 자기 자신의 빈약한 손으로 집을 지으면 벌레와 녹에 잠식당하고 거기에 사는 사람들은 자신도 모르는 사이에 그 치졸함으로 너의 길을 험난하게 할 것이다. 용서받고 싶다면 그들을 용서하라. 원한을 품지 마라. 왜냐하면 네가 소유한 것들—질투와 다툼, 불친절한 생각, 불친절한 행동은 너 자신이 버리지 않는 한 네게서 빼앗을 수 없기 때문이다. 네가 소유한 것들을 버릴 때, 너는 자신의 가장 사랑스러운 것(삶)을 일깨우는 것이다. <sup>리딩 262-60</sup>

주를 통해서 아버지이신 신의 영광을 나타내 온 사람들은 옛날부터 "오오 주여, 지상에 당신의 나라가 실현되는 날을 속히 오게 하소서"라고 얼마나 외쳐 왔는가.

이에 대해 주는 어떻게 약속하셨을까? '내가 너희를 위하여 거처를 예비하러 가노니 내 의식이 있는 곳에 너희도 있게 하리라'요한복음 14:2-3, '내가 다시 와서 너희를 내게로 영접하여'요한복음 14:3 우리가 마음과 육체의 활동을 그 의식에 동조시킴에 따라서 우리의 소망이 그날을 빨리 오게 하는 것이다.

많은 사람들의 눈에는 인자하신 신께서 당신이 오시는 날을 늦추는 것으로 보일지도 모른다. 그리고 이스라엘 백성이 예전에 그랬던 것처럼 많은 사람들은 '우리를 인도할 신을 만들라'출애굽기 32:1고 지금도 목소리를 높일지도 모른다.

끈질기게, 조용히 귀를 기울이자. 그렇게 하면 주가 모든 일을 선으로 인도하신다는 사실을 알게 될 것이다. 신이 그날을 늦추는 것처럼 보인다고 해서 지쳐서는 안 된다. 왜냐하면 그리스도께서 말씀하신 것처럼 그날에 대해서는 그 누구도, 그 아들조차 알지 못하기 때문이다. 아버지와, 아버지가 그 사실을 밝힌 사람들만이 알 수 있을 뿐이다.

주는 지상에서 아버지의 사랑을 모든 사람들이 알 수 있도록 길을 마련하셨다. 주는 당신의 아들인 우리에게 이 세계를 유지하는 일을, 구하는 일을 맡기셨다. 기억해두기 바란다. 우리가 진심으로 바라는 것이 지상에서 아들의 영광을 찬양하는 것이 되어감에 따라, 그리고 주의 날이 오기를 바라는 마음이 커져감에 따라 주는 우리 바로 곁에 계시다는 사실을.

네 마음과 정신이 이 지상에서의 '아버지'의 아름다움과 영광을 조금 더 칭송하고 찬양하게 하라. 너는 사람들 사이에서 그것이 나타나는 것을 눈으로 직접 보았으니. 리딩 262-58

해야 할 일이라고 네가 알고 있는 바를 행하라. 주는 네가 해야 할 일이라고 알고 있는 것이 진실이기를 바라는 것 외에는 아무것도 바라지 않으신다. 왜냐하면 그리스도의 이름을 찬양하고 주의 길을 지켜온 사람들을 주께서 이름을 부르시기 때문이다. 그와 같은 사람들을 통해서 '아버지'의 사랑이 아들에 의해서 지상에 나타나기 때문이다. 리딩 262-58

오오 아버지시여, 축복의 수로로써 쓰일 수 있도록, 또 제가 접하는 사람들에게 당신의 사랑을 나타낼 수 있도록, 오늘 저를 인도해 주소서. 당신은 약속하셨습니다. 지상에서 당신의 사랑을 동포에게 보이면 우리의 앞길을 당신이 인도하시고 지키시고 위로해 주시겠다고. 리딩 262-60

너희 모두 주의 길을 지켜라. 행복하라. 기뻐하라. 바라건대 스스로를 주에 대한 봉사에 바치는 사람들에게 '아버지'가 주시는 사랑과 은혜와 평안이 너희에게도 있기를. 아멘. 리딩 281-19

네 번째 가르침

# 욕구
## Desire

"그러나 너희 눈은 봄으로, 너희 귀는 들음으로 복이 있도다.
내가 진실로 너희에게 이르노니 많은 선지자와 의인이
너희가 보는 것들을 보고자 하여도 보지 못하였고
너희가 듣는 것들을 듣고자 하여도 듣지 못하였느니라."
– 마태복음 13:16–17

## 기도의 말

아버지시여, 당신의 욕구를 제 욕구로 삼으소서.
신이시여, 제 욕구를 영혼에 있어서,
진리에 있어서 당신의 욕구로 삼으소서.

네 번째 가르침
# 욕구

## 시작하며

욕구는 의지에서 비롯되며, 육체에도 영혼에도 속해 있다. 욕구는 그것을 일으키는 힘(그 사람의 의지력과 정신적인 영향)에 의해, 그것이 향하고 있는 영역에서 활동한다.*

욕구는 진화의 토대이자, 생명과 진리의 근원이다. 그러나 욕구는 또한 지옥의 문으로 향하고 있어, 많은 사람들이 그 욕구 때문에 영혼, 육체, 정신에 있어서 종종 지옥을 경험하

---
* 리딩 262-64 참조.

게 된다.<sup>리딩 262-60</sup>

욕구는 우리의 육체적 자아, 영적 자아를 움직이는 힘이며, 의지는 그 욕구의 방향을 조정하는 힘이다. 우리는 스스로의 욕구를 통해서 자신의 현재 상황을 만들어 왔다. 우리가 육체적, 정신적, 혹은 영적으로 어떠한 상태에 있든 그 상황을 만들어 온 것은 우리 자신의 욕구 때문이다.

## 육체적인 욕구

성경에는 다음과 같이 기록되어 있다.
'여호와 하나님이 땅의 흙으로 사람을 지으시고 생기를 그 코에 불어넣으시니 사람이 생령이 되니라.'<sup>창세기 2:7</sup>
인간은 생물학적으로는 자기보존, 종족의 보존, 식욕이라는 3대 욕구를 가진 동물로 물질세계에 존재한다. 이들 욕구는 인간과 동물 모두에게 존재하는 본능이다. 사람이 이들 본능을 의지력에 의해서 자기 과시 쪽으로 사용하면 그들 본능은 물질적인 욕망이 되며 그것들은 육체적으로도 영향력을 끼치게 된다. 그렇게 함으로써 사람은 스스로의 정신체와 영혼의 신체를 가벼이 여기게 된다.
육체적인 욕망은 동물적 탐욕을 강하게 하며 그와 같은 힘을 모으려 한다. 우리가 이 같은 욕구의 지배를 받게 되면 우리의 육체와 정신체는 그것들에게 점령되어 영혼 외에는 의지할 곳이 없어지게 된다. 우리의 영혼은 창조주의 동반자로 만들어졌다. 이 영혼에는 자기 자신을 자각하는 능력과 함께 의지라는 창조력을 영적으로 승화시키는 힘이 주어져 있다. 그것이 영혼과 그 활동에 신성(神性)을 부여하는 것이다.*

······영혼은 의지와 욕구가 가리키는 방향으로 움직인다.리

딩 262-64

육체의 욕구가 영적으로 승화되지 않으면 신과의 일체성이라는 의식의 성장을 방해받는다.

"저는 기도 중에 세 가지를 빌었습니다. 그것은 전부 육체적인 욕구였습니다. 첫 번째는 가문을 지키는 것이었으며, 두 번째는 세속적 즐거움이었고, 마지막 세 번째는 일에 관한 것이었습니다. 기도는 이루어졌지만 전부가 불화, 문제, 쓸데없는 책임을 가져다주었을 뿐, 평안과 조화를 가져다주지는 못했습니다. 우리가 어떤 곳에 있든 그리스도의 영을

---

* 리딩 262-63 참조.

가지고 있다면 우리는 평안을 얻을 것입니다."*

## 정신적 욕구

욕구는 정신체(mental body)의 활동을 자극한다. 그 자극은 육체 조직에 영향을 주는 환경에서 발생하는 경우도 있고, 영체(spiritual body)나 혼(soul)을 움직이는 것에서 발생하는 경우도 있다.

우리의 육체적인 욕구가 육욕의 목적에서 비롯된 경우, 그것이 나쁜 생각을 가진 정신에 의해서 강화되면 사악함으로 향하는 힘이 된다. 인간의 정신은 비교, 판단하거나 감각을 통해서 반응하는 힘을 가지고 있는데, 그 사람 주위의 상황을 만들어내거나 유전적인 영향까지 바꾸는 활동력으로도 발전시킬 수 있다.

우리의 정신적 욕구가 스스로에 대해 자긍심을 갖거나 주위 사람들보다 자신을 높이 평가하고 있는 경우, 육체적인 욕망은 우리의 경험에 절제를 하게 만든다. '사람은 그 마음에 그리는 대로의 사람이 된다'는 것은 불변의 법칙이다. 왜냐하면 '마음은 창조자'이기 때문이다. 우리의 정신이 우리를 존재케 한 신의 법칙과 하나가 되면 정신의 작용은 영적인 것이 된다. 그러나 우리의 정신이 육체의

---

\* 스터디 멤버의 체험.

영향을 받거나 육체 지향적이라면 우리의 정신은 파괴적이 된다.

오오 신이시여, 당신의 뜻을 저의 욕구로 삼도록 해주소서! 제가 이 세상에서 경험하는 일에 있어서, 제 마음이 바라는 것, 몸이 바라는 것, 정신이 바라는 것이 당신의 뜻에 합당하기를! 리딩 262-63

우리의 삶과 행동이 신의 법칙과 일치할 때 우리는 신의 은혜와 지식, 그리고 이해를 깨닫는 데 있어서 성장을 한다. 다음과 같이 기도하기로 하자.

"주여, 저희를 쓰시기 바랍니다. 당신이 최선이라고 생각하는 일이 지금 이 순간, 우리 안에서 우리를 통해서 행해지기를."

자신에 대해서는 아무것도 구하지 말고 오로지 선을 행하시는 주 안에 있는 마음이 우리의 마음에 있기를 기도하자.

마치 습관이 우리의 육체를 지배하듯 우리의 목적과 의지는 욕구를 자극하고 그 욕구가 정신을 지배한다. 그것이 영적 힘에 기인한 것이든, 육체적 힘에 기인한 것이든 우리의 정신이 사물을 만들어 간다는 사실을 기억하자. 우리가 스스로 성장을 바란다면 자신의 정신을 건설적인 수로(channel)로써 유지해야 한다.

모든 건설적인 것의 근원은 자신을 길(way)이자, 진리(truth)이자, 빛(light)이라고 선언하신 주임을 우리는 알고 있다.

이 세계는 주로 인해서 존재를 얻었다. 그렇기 때문에 우리는 창조라는 점에서 주의 것이며, 소유라는 점에서 주의 것이고, 사람의 아들들에게 주어진 약속으로 인해서 주의 것이다.

우리의 욕구는 무엇일까? 그리스도라 불린 사람에게 우리는 무엇을 하려는 것일까?

## 영적인 욕구

동반자 앞을 걷는 우리의 영적 삶이 영광을 받을 수 있도록 우리 내면에서 육체적인 욕구에 뿌리를 둔 목적을 없애버리자. 우리가 영적으로 커다란 성장을 이루기 위해서는 '자신'이라는 생각을 지우고 우리의 물질적인 욕구를 영적으로 승화시켜 더욱 열심히 그리스도 의식을 탐구할 필요가 있다.

주가 겟세마네 동산에서 '아버지여 만일 할 만하시거든 이 잔을 내게서 지나가게 하옵소서. 그러나 나의 원대로 마시옵고 아버지의 원대로 하옵소서'<sup>마태복음 26:39</sup>라고 기도할 때 육과 영이 싸워 육체적인 욕구가 영적으로 승화되었다는 사실을 알 수 있다.

우리의 육체적 욕구를 아버지이신 신의 마음과 하나가 될 때, 우리는 자기 자신의 경험에 있어서, 그리스도가 되신 예수의 체험과 비슷한 상황을 통과하게 된다. 아버지의 뜻이 우리 안에서, 우리를 통해 행해지기를, 그리고 아버지의 눈으로 보시기에 최선의 형태로 우리가 타인들에 대한 축복의 수로가 되기를 바라고 기도하자. '우리의 방법대로가 아니라, 오오 주여, 당신의 길이'라고. 이것이 육체의 욕구를 영적으로 승화시키는 것이다.

욕구를 살펴보면 우리는 마음속으로 다음과 같은 의문을 품게 된다. '영적으로 성장하려면 육체적인 욕구는 전부 버려야만 하는 걸까?'

그 전부를 버릴 필요는 없다. 그러나 우리의 욕구가 아버지의 욕구가 될 수 있도록, 또 아버지의 욕구가 우리의 욕구가 되도록 그 육체적 욕구들을 영적으로 승화할 필요가 있다. '너의 이 뺨을 치는 자에게 저 뺨도 돌려대며 네 겉옷을 빼앗는 자에게 속옷도 거절하지 말라' 누가복음 6:29는 성경 말씀은 욕구를 영적으로 승화하는 표본이다. 왜냐하면 그렇게 함으로써 복수하겠다는 욕구를 사랑과 용서로 승화시키기 때문이다.

스터디 멤버의 다음과 같은 체험도 그러한 사실을 잘 보여준다.

"저는 어느 날, 신의 나라가 오기를 준비하는 사람들과 함께 머물 것인가, 아니면 이 세상이 제게 주는 안락과 기쁨을 받아들일 것인가 하는 선택의 기로에 놓이게 되었습니다. 주도 역시 비슷한 일로 선택을 하셨는데, 주가 사랑으로써 육체의 욕구를 극복하셨다는 사실을 알고 저는 커다란 용기를 얻었습니다. 저는 '저 혼자서는 이 무거운 짐을 질 수 없습니다. 제 구세주이신 그리스도여 저는 당신의 도움을 청합니다'라고 기도했습니다."

예수 그리스도의 복음은 사랑과 용서의 복음이다. 주와 같은 사람이 되려면 우리 안의 복수하려는 욕구를 주의 이름으로 모든 사람들에게 선을 행하는 것으로 승화시켜야 한다. 우리는 주께서 우리를 매일매일 접하는 사람들에 대한 축복의 수로로 사용해 주시기를, 그리고 우리 자신이 완전히 깨끗해지기 위해 필요한 경험을 얻을 수 있기를 바라야 한다. 왜냐하면 일상생활 속에서, 혹은 우리의 평소 대화나 생각이나 명상 속에서 우리의 영혼을 빛나게 하면 우리는 이 세상에서의 우리의 욕구를 영적으로 승화시킬 수 있기 때문이다.

주는 '실족하게 하는 일이 없을 수는 없으나 실족하게 하는 그 사람에게는 화가 있도다!' [마태복음 18:7]라고 말씀하셨다. 우리가 동포에게 죄를 범하는 일이 결코 없도록 우리의 욕구에서 이기적인 것을 완전히 배제하도록 하자. 누군가 그리스도의 사랑을 알기 위해 찾아왔을 때 우리는 그 사람이 기댈 수 있는 팔과 어깨가 되어야 한다.

우리가 타인의 행위로 인해 괴로워할 때가 있고 그 괴로움 때문에 오히려 우리가 좀 더 다정하고, 배려심 깊은 사람이 되었다는 사실을 깨닫는다면, 또 괴로움을 가져다주는 사람을 가엾이 여기고 그 사람에게 좋은 일을 바랄 수 있다면 복수에 대한 우리의 욕구는 영적인 욕구로 변화한 것이다.

육체적인 힘(physical force)은 물질 영역에서만 작용한다. 반면 정신적인 힘(mental force)은 영혼과 육체 양쪽 모두 영향을 주는데, 신체에 대한 반응— 즉, 우리를 둘러싼 정신적(mental), 영적(spiritual), 육체적(physical) 상태에 대한 반응이기 때문이다. 우리의 이상과 목적이 영적인 것에 있고, 그 목적과 이상을 견고히 하고 있다면 물질세계에서 역경에 처한다 할지라도 그에 맞서 난관을 극복할 수 있는 능력도 높아진다.

물질세계에서 힘으로 나타나는 모든 힘, 모든 파워는 영적 세계에 그 기원을 두고 있다. 따라서 물질적인 일을 실행할 때에는, 그리고 보다 크고 뛰어난 상태가 물질적인 일에 구현되도록 하기 위해서는 그들 행위가 정신적, 영적, 물질적인 것과 조화를 이루고 서로 연계되어 있어야 한다.

주를 신뢰하는 사람들에게 주의 은혜는 충분하다. 아버지이신 신은 변해 버린 것일까? 신은 약속을 바꿔 버리신 것일까? 신은 그 산에서 주신 방법으로 모든 사람에게 만날 것을 약속하셨다. '하나님을 가까이하라 그리하면 너희를 가까이하시리라.' <sup>야고보서 4:8</sup> '……그리하면 너희는 내 백성이 되겠고 나는 너희의 하나님이 되리라.' <sup>예레미야 11:4</sup>

자신의 욕구가 신의 욕구와 일치되어 있는 사람들이 진정한 신의 아들이다. 그와 같은 태도를 취할 때 우리에게 두려움은 전혀 없다. 왜냐하면 '온전한 사랑이 두려움을 내쫓'요한1서 4:18기 때문이다.

## '사심없는 욕구'의 지혜

만약 우리의 활동이 명성이나 재산, 지위와 같이 자기 이익을 충족시키기거나 사람들로부터 좋은 평판을 얻고 싶다는 욕구에 뿌리를 둔 것이라면 그것들은 육체적인 것이다. 그런데 만약 우리의 활동이 우리의 인생에 사랑, 인내, 참음, 다정함, 친절, 다른 사람에 대한 봉사와 같은 것을 표현하는 것이라면 그것은 영적 성장을 가져다준다. 우리가 현명한 선택을 하고 있는지 알고 싶다면 자신에게 다음과 같은 질문을 던져 보기로 하자.

"내가 추구하는 관계로부터 어떠한 욕구를 만족시키려 하고 있는 것일까?"

만약 그것이 자기 자신의 육체적 욕구를 증대시키는 것이라면 그것은 육욕인 것이다. 만약 그것이 선(善)을 나타내기 위한 수로를 만드는 것이라면 그것은 영적인 것이다. 그 선택은 우리 자신의 몫이다. 우리는 뿌린 대로 거두어들여야만 한다.

큰 야망은 그것이 신의 도가니 안에서 순수하게 정련(精錬)되지 않는 한, 그것 자체로는 죄다. 그 의미는 큰 소망을 가져서는 안 된다는 말이 아니다. 그런 말이 아니다. 오히려 "틀림없이 신이 인도하신다"고 말할 수 있을 정도의 큰 소망을 품어야 한다. 다만 물질적인 소망이나 육욕이 아닌 영적인 소망을 가져야 한다는 의미이다.

자기 자신을 영적·정신적·물질적 관점에서 살펴보면, 자신의 지식을 어떻게 적용시켜 왔는지, 그에 대응하는 태도가 자신의 삶에 드러난다는 사실을 깨닫게 될 것이다. 자신의 능력이나 기회에 대해 무엇을 해왔는지에 따라 그것이 적당한 시기에 열매를 맺는 것이다. 우리는 내면적으로 평안을 유지하고 있거나, 혹은 의심과 불안과 당혹감에 넘친 자신을 발견하게 된다.

우리는 평안을 구하고 있는 것일까? 그렇다면 우리가 사랑하는 사람들의 인생을 평안하게 하고, 원한을 품고 있는 사람들의 인생을 평안하게 하고, 신경도 쓰지 않던 사람들의 인생을 평안하게 해야 한다. 사랑을 얻고 싶다면 우리의 눈에는 신의 길에서 등을 돌린 것처럼 보이는 사람들까지도 더욱 사랑을 가지고 대해야만 한다. 왜냐하면 우리의 인생에서 일어나는 일은 우리가 추구하고 있는 영혼의 경험이자 그것의 표출이기 때문이다.

인간에게 있어서 자신을 잃는 것보다 더 끔찍한 경험이 있을까? 두려움에 떨고 있으면서 과연 신을 맞아들일 수 있을까? 신의 영이 우리의 영혼에게 당신의 사랑을 깨닫게 해주신다. 인생의 고단함은 일시적인 것이다. 우리는 이미 영원함 속을 살고 있는 것이다.

신이 언제나 우리와 함께 계시다는 사실을 깨닫게 해주는 그와 같은 목적과 욕구를 찬송하자. 왜냐하면 신의 약속은 확실하고 신과 함께 걷는 자는 반드시 신을 알기에 이르기 때문이다.

'대가'는 반드시 치르게 되어 있다! 주지 않고 받을 수는 없다. 생명을 얻으려면 생명을 바쳐야 한다. 기쁨을 얻으려면 다른 사람들의 인생에 기쁨을 만들어 주어야 한다. 평안과 조화를 얻고 싶다면 자기 자신 속에, 그리고 다른 사람들과의 관계에 있어서 평안을 만들어내야 한다. 이것이 법칙이다. 왜냐하면 같은 성질끼리는 서로를 끌어당기고 모이는 것이 법칙이다. 엉겅퀴 꽃에서 올리브를 수확할 수는 없는 법이다. 나무딸기에서 사과를 수확할 수는 없는 법이다. 마찬가지로 미움 속에서 사랑을 찾아낼 수는 없는 법이다.

'나의 반석이시요 나의 구속자이신 여호와여 내 입의 말과 마음의 묵상이 주님 앞에 열납되기를 원하나이다.' 시편 19:14

바라건대 우리가 지혜에 있어서, 당신이 소망하시는 것을 자기 자신의 욕구로 선택하기를.

## 마무리

우리가 선택해서 행하는 일이 자기 자신에게, 또 주위 사람들에게 긍정적인 영향을 주도록 하자. 그렇지 않다면 주의해야 한다. 인생에 있어서 물질적인 기쁨과 즐거움은 우리가 그러한 것들을 숭배하거나 이기적으로 사용하지 않는 한 굳이 부정할 필요는 없다. 이 세상에서의 일들은 언젠가 모두 사라져 버린다. 그러나 시련의 순간에 우리를 지탱해주는 사랑은 영원히 우리와 함께 있다. 이 사실을 알고 마음으로 언제나 노래를 흥얼거리자.

장미의 아름다움의 본질을 알고, 새의 지저귐에 귀를 기울이고, 노을 속에 그려진 신의 얼굴을 찾아내도록 하자. 달빛에 비춰진 모든 사물을 통해 신의 영광을 발하는 그 아름다움을 사랑하자. 빗소리에서, 폭풍 속에서, 온갖 자연 속에서, 아니 인간 삶의 누추함 속에서조차 미움이 아니라 사랑을 표현하려는 욕구를 찾아내자. 부조화가 아닌 조화를 나타내려는 욕구를 찾아내기로 하자!

그런 후 그 결과는 생명을 주고, 생명을 거두시는 신께 맡기기로 하자. 왜냐하면 '땅과 거기에 충만한 것과 세계와 그 가운데에 사는 자들은 다 여호와의 것이'[시편 24:1]기 때문이다.

우리가 주의 것이라는 사실을 깨닫고자 하는 욕구로 우리 마음을 채우도록 하자. 그렇게 하면 주는 우리 안에서, 우리를 통해 일하시고, 우리의 손과 발을 인도하시며, 인생의 길을 인도하시며, 만나는 모든 사람들에 대해서 우리를 축복의 수로로 삼아주신다.

오라, 오라! '아버지'의 뜻을 알려고 하는 사람들에 대해서 '빛'이자 '길'이신 주의 약속에 비춰서 우리가 바라는 것을 나타내도록 하자. 우리가 '아버지'와 하나 되기를 진심으로 바라고 있다는 사실을 보이자.

우리는 시련과 유혹과 약점 때문에 좌절하지 않는다. 왜냐하면 주가 우리를 부르셨기 때문에. 우리는 거기에 응하지 않을 생각이란 말인가? 주는 약속하신 것을 우리의 물질적, 정신적, 영적 경험을 통해서 실현하실 수 있다. 악에 굴복해서는 안 된다. 오히려 주의 이름으로 악에 승리를 거두도록 하자.

모든 영혼은 지상의 것에서 천상의 것으로 나아간다. 물질적인 것에서 정신적, 영적인 것으로 나아간다. 그리고 이들 각 영역에서 영혼은 자기 안에 형성되어 온 것을 나타내려 한다. 영혼은 영원히 살면서 자신이 그리스도 의식 안에서 살고 있다는 사실을, 그 안에서 살아가고 있다는 사실을, 그 안에 있다는 사실을 마침내 깨닫게 될 것이다.

주를 구하는 너희들, 나의 자녀들이여, 오라. 주는 너의 곁에 계신다. 너희는 주이신 신이 무엇을 하기 바라시는지, 이 수로를 통해서 알려고 하는 사람들을 위해서 지금까지 좋은 것을 배우고, 좋은 것을 준비해 왔다. 이 세상의 만족을 구하지 말고 오히려 자신들이 동포에 대한 축복의 수로라는 사실에 만족하라. 너희는 빵 전체를 부풀리는 효모와 같은 존재다. 너희들 중 어떤 자는 주의 목소리를 들을 것이다. 주는 진심으로 기뻐하며 바라는 자와 함께 걸으시며 이야기하실 것이다. 주는 너의 큰형이자, 너의 그리스도, 너의 구세주로 너

에게 길을 보이신다. 신앙을 지켜라.<sup>리딩 262-67</sup>

> 하늘에 계신 우리 아버지,
> 바라건대 이름이 높임을 받으시기를.
> 나라가 임하시기를.
> 뜻이 하늘에서와 같이
> 땅에서도 이루어지기를.
> 우리에게 죄를 짓는 자,
> 죄를 짓고 있는 자를
> 우리가 용서한 것처럼,
> 우리의 죄를 잊어 주소서.
> 괴로움과 고통과 유혹의 때에
> 우리를 인도하소서.
> 당신의 이름을 위해서
> 우리를 옳은 길로 인도하소서.<sup>리딩 378-44</sup>

빛을 구하는 너희들, 나의 자녀들이여, 오라! 머리를 숙여 큰아들을 칭송하고 기리라. 주의 얼굴을 구하려 하는 너희 한 사람 한 사람 앞에 곧 길이 열리려 하고 있으니. 사람의 아들이자 너의 주이신 그리스도가 너희 사이에, 너의 마음속에 오실 것이다. 너희가 문을 열기만 한다면!<sup>리딩 262-63</sup>

다섯 번째 가르침

# 마음의 숙명
Destiny of the Mind

"또 주께서 이르시되, 그 날 후에 내가 이스라엘 집과 맺을 언약은 이것이니,
내 법을 그들의 생각에 두고 그들의 마음에 이것을 기록하리라.
나는 그들에게 하나님이 되고 그들은 내게 백성이 되리라.
또 각각 자기 나라 사람과 각각 자기 형제를 가르쳐 이르기를
주를 알라 하지 아니할 것은 그들이 작은 자로부터 큰 자까지 다 나를 앎이라."
– 히브리서 8:10–11

## 기도의 말

주여, 당신은 저의 집! 아버지시여, 저는 당신을 믿습니다.
당신이 아들을 통해 축복하신 것을 제 자신 속에서,
제 형제 속에서 보여주시기 바랍니다.
당신은 길을 보이기 위해 저희에게 아들을 주셨습니다.
아버지시여,
당신은 자녀들이 부르면 대답해 주시겠다고 약속하셨습니다.
저희의 목소리를 듣고 당신의 길로 인도하시기 바랍니다.
저희가 아들을 통해 당신에게 이를 수 있도록 아들의 영광을,
당신이 아들을 통해 약속하신 영광을 저희에게 보이시기 바랍니다.
신이시여,
구원하실 수 있는 것은 당신뿐입니다.
당신만이 저희를 인도하실 수 있습니다!

다섯 번째 가르침

# 마음의 숙명

시작하며

신을 탐구해온 우리도 드디어 새로운 주기(cycle)로 들어갈 단계에 도달했다. 지금부터 우리가 배울 것은 다른 많은 사람들의 가르침과는 상당히 다르게 느껴질지도 모른다. 그러나 진리는 그 열매에 의해서 증거 되는 법이다. 우리가 '성령'에 의해서 인도받기를 구한다면 우리 인생에서 그것들이 진실임을 증거 할 기회가 여러 번 주어질 것이다. 왜냐하면 '성령'이 모든 진리로 인도해 주시기 때문이다. 우리에게 있어서 무엇이 진리인지 판정할 수 있는 것은 우리 자신뿐이다.

지금부터 3개 과에 걸쳐서 숙명(destiny)에 대해서, 즉 마음

(mind)의 숙명, 몸(body)의 숙명, 영혼(soul)의 숙명에 대해서 공부해보겠다.

맨 먼저 마음의 숙명에서는 정신체(mental body), 육체(physical body), 영체(spiritual body)의 여러 속성과 마음과의 관계에 대해 생각해 보겠다.

우리의 마음은 신(God)의 것이다. 인간이 신의 동반자가 되고 신의 마음과 하나가 될 수 있도록 신이 사람에게 은혜로 주신 것이다. 그 창조적이고, 신으로부터 오는 힘인 마음은 '창조주'와 하나가 되려는 영적 충동에 의해서 움직인다. 마음이 다양한 모습으로 표출되기 때문에 많은 사람들이 혼란스러워 하지만 우리의 정신, 목적, 목표를 '이상'과 일치시키고 '주이신 우리의 신은 하나'임을 깨닫는다면 그 마음의 작용은 명백해진다.

## 숙명(Destiny)

숙명은 바꿀 수 없는 법칙이다. 또한 만물을 존재케 하신 신이 영원한 것처럼 숙명도 영원하다. 숙명은 형체가 있는 모든 것에 나타난다. 우리가 인생에서 만나는 모든 사람들의 인생에서도 여러 형태의 숙명을 볼 수 있다.

숙명은 세계, 우주, 지구, 인간을 존재케 한 '마음'에 의해 정해진

불변의 법칙이다. 이 마음, 즉 신께서는 당신의 일부인 영혼을 사람에게 주셨으며, 인간이 일탈하자 신은 그 아들을 통해서 사람이 은혜와 자비와 진리의 어좌에 다가갈 수 있도록 길을 준비하셨다. 영혼은 우리의 일부로, 아버지이신 신과 조화를 이루고, 신과 교류할 수도 있다.

한편 피와 살은—그리스도가 그 육체를 영화(靈化, spiritualized)하신 것처럼 영화되지 않는 한—영원한 생명을 물려받을 수 없다. 그러나 마지막에는 육체를 구성하는 하나하나의 원자까지가 '창조 에너지'의 마음에 의해서 움직이게 된다.

'천지는 없어지겠으나 내 말은 없어지지 아니하리라.' 마가복음 13:31

이것은 어떠한 숙명을 나타내는 것일까? 어떠한 복음을 말하고 있는 것일까? 어떠한 심판을 가리키는 것일까? 어떠한 진리를 의미하는 것일까? 그것은 다음 말에 요약되어 있다.

즉 '대저 그 마음의 생각이 어떠하면 그 위인도 그러한즉.' 잠언 23:7 혹은 '남에게 대접을 받고자 하는 대로 너희도 남을 대접하라' 누가복음 6:31이며, 또 예수 그리스도께서 주신 새로운 계명—'서로 사랑하라' 요한복음 13:34—으로 대답할 수 있을지 모른다.

'이웃을 네 자신과 같이 사랑하라' 로마서 13:9는 말처럼 참으로 모든 법칙은 사랑에 의해서 성취된다. '주께서는 아무도 멸망하지 아니하고 다 회개하기에 이르기를 원하시느니라' 베드로후서 3:9고 되어 있지만, 그러한 일을 고작 70여년의 인생에서 달성할 수 있을지 우리는 의심하게 된다.

태어난 순간의 날짜와 시간, 그 장소의 환경이 우리의 운명에 영향을 주는 것일까? 태어난 때의 해와 날을 나타내는 숫자가 운명에 영향을 주는 것일까? 그러한 것들은 전부 조짐이자 전조이며 길 옆의 이정표에 지나지 않는다. 이러한 징후들이 운명을 설계하는 것이 아니다. 왜냐하면 마음의 숙명, 영혼의 숙명, 몸의 숙명은 모두 신 안에 있기 때문이다. 우리가 행하는 어떠한 행위로도 정의(righteousness)를 만들어낼 수는 없다. 아들을 통해 몸소 보여주신 아버지의 사랑에 의해서 우리의 인생에 마음의 숙명, 몸의 숙명, 영혼의 숙명이 인도되는 것이다. 주를 신뢰하는 사람들에게 그 길은 명백한 것으로, 발을 헛디딜 일이 없다.

항상 주의를 게을리 해서는 안 된다. 왜냐하면 주의 날은 많은 사람들 가까이에 있기 때문이다. 방황하고 있을 때에도 자신의 마음을 살펴서 성경에도 있는 것처럼 주를 사랑하는 사람들에게 있어서는 '믿음이 곧 정의'라는 사실을 자각하도록 하자.

구하는 자는 찾을 것이다. 자신이 알고 있는 것을 하루하루 실천하는 사람은 머지않아 이 세상에서 평안과 사랑을 발견할 것이다. '우리가 알거니와 하나님을 사랑하는 자 곧 그의 뜻대로 부르심을 입은 자들에게는 모든 것이 합력하여 선을 이루느니라'로마서 8:28고 기록된 대로이다. 이와 같은 신념으로 우리는 스스로의 숙명이 신 안에 있다는 사실을 알게 되는 것이다.

## 마음과 정신체의 관계

정신체와 영체와 육체는 삼위이자, 일체이다. 이들 삼위일체는 각각의 활동 영역에서 그 고유한 특징과 법칙과 이상을 가지고 있다. 정신이 그 영적 영역에서의 의미를 물질적으로 나타낸 것이 바로 육체이다. 정신체(즉, 정신)는 영적인 것(또 그렇기 때문에 영원한 것)에서 이상을 성취하는 경우도 있고, 물질적인 것(그렇기 때문에 인생의 여러 시기와 환경에 의해서 변하는 것)에서 이상을 성취하는 경우도 있다.

태초에 신은 하늘과 땅을 창조하셨다. 신의 마음이 움직이고 형태를 가진 물질이 존재하기에 이르렀다. 아버지이신 신의 마음은 '창조자(builder)'이다. 마음은 그 자체가 물질과 정신, 양쪽에 걸쳐 있다. 그렇기 때문에 마음은 정신에 속한 무형의 것을 나타낼 수도 있고(사람의 체험에 나타나는 경우도 있다), 물질적인 형태로 나타날 수도 있다. 왜냐하면 물질이란 정신이 활동하는 모습이기 때문이다. 정신이 물질적인 모습을 취하지 않아도 기능할 수 있는 것처럼 '이상'은 보이지 않는 신에게서 유래한다.

그렇기 때문에 정신은 우리 내면에 머물며 성장을 촉구하는 추진력이자, 그것은 물질 위에도 나타난다. '그 마음의 생각이 어떠하면 그 위인도 그러한즉'[잠언 23:7]이라는 말에는 어떤 의미가 있는 것일까? 이것은 성장의 길을 나타내는 것이다. 물질적인 것에 대해서는 뒤에 나오는 '육체의 숙명'에서 자세히 다루겠지만, 인간의 육체는 '그가 먹은 그대로의 것이 된다'. 이와 마찬가지로 우리는 끊임없이 생각하고 있는 그대로의 사람이 된다.

우리는 스스로의 인생을 성장시키는 힘을 선택하여 인생의 목적을 달성할 수도 있으며, 그와는 반대를 선택할 수도 있다. 한 순간의 단순한 생각으로는 그 무엇도 바꿀 수가 없다. 계속적으로 생각하고 계속적으로 만들어냄으로써 우리는 바뀌어 가는 것이다.

그리스도는 우리가 원래의 지위로 복귀할 수 있도록 어떻게 건설적으로 생각해야 하는가를 가르치기 위해 이 세상에 오셨다. '너희 안에 이 마음을 품으라. 곧 그리스도 예수의 마음이니, 그는 근본 하나님의 본체시나 하나님과 동등됨을 취할 것으로 여기지 아니하시고.' 빌립보서 2:5-6

예수는 육체로 들어가 이 세상을 사셨다. 그 정신과 그 사상의 온갖 측면에 있어서 '창조력'을 나타내셨다. 신이 모든 영혼에 자유의지를 부여하셨기 때문에 각각의 실체는 그 건설력, 즉 정신을 자신을 찬미하는 데 쓸 수도 있고 신과의 조화를 실현하는 데 쓸 수도 있다.

우리는 생각에 잠겼을 때나 명상을 할 때도 자신이 무엇을 구하고 있는지를 알아야 한다. 우리의 이상은 무엇일까? 사람은 스스로를 키워나가고 있는 바대로의 사람이 된다는 사실을 기억해 두자. 즉, 그 생각하는 대로, 소화·흡수하는 대로, 활동하는 대로, 방사력

(放射力), 원자의 영향력에 의해서 각각의 영역에서의 활동이 지향하는 대로의 사람이 되는 것이다.

우리는 종종 자신을 움직이게 하는 힘이 어디에서 오는 것인지 그 원천을 살펴보려 하다 혼란에 빠지곤 한다. 그것이 육체적인 마음의 활동에서 오는 것인지, 아니면 무한한 영적 원천에서 오는 것인지 구별할 수 없기 때문이다. 그 결과 우리는 영적 의식(意識) 및 그와 같은 충동이 육체적으로 필요한 것인가, 필요하지 않은 것인가의 해석에 휘말리게 된다.

우리에게 요구되는 것은 무엇일까? 우리가 알고 있는 것에 대해 무엇을 하는가 하는 것이 우리에게 성장을 가져다준다. 왜냐하면 영적 측면에서든, 혹은 물질적 측면에서든 마음의 첫 번째 작용은 우리 활동의 일부이기 때문이다. 따라서 길을 보여주시는 주 안에서 우리의 '이상'을 정하고, 자신이 믿고 있는 분이 어떠한 분인지를 알도록 하자.

## 육체와 마음의 관계

영혼은 물질인 몸 안에서 나타나기를 선택했고, 그 때문에 마음은 물질계에서의 표현을 찾아냈다. 마음은 여전히 '창조하는 힘(building force)'이다. 육체적인 마음의 작용이나 우리의 활동, 우리가 먹는 음식에 의해서 우리를 특징짓는 겉모습이나 표정이 서서히 만들어지기 시작했다. 우리는 자신의 주위에 있는 모든 것을 흡수해 가는 하나의 유기체이다.

당연한 일이지만 다음과 같은 의문이 생겨난다. 우리의 마음은 우리가 지상에 태어났을 때 이미 그 숙명이 결정되어 있었던 것일까? 우리가 무엇을 생각하고, 어떤 환경에서 살며, 어느 정도 긴 인생을 살게 될지 이미 결정되어 있었던 것일까? 내가 경험하는 여러 가지 일들은 미리 결정되어 있었던 것일까?

우리가 만들어 내고 있는 삶의 패턴에 우리의 선택과 의지가 덧붙여진다는 사실을 항상 기억해 두어야 한다. 이 패턴은 우리가 스스로의 존재 목적과 부합하기 위한 커다란 기회가 될 경험을 통과하도록 우리를 운명 짓는다. 그렇기 때문에 그 생각과 목적에 있어서 우리의 마음이 작용하고 있는 방향대로 우리는 된다. 이 사실은 '너희 중에 누가 염려함으로 그 키를 한 자라도 더할 수 있겠느냐' 마태복음 6:27는 주 예수의 말과 다른 것일까? 오히려 주가 주신 것을 받아들이는 자에 대해서, 생각과 성장은 게을리해서는 성취할 수 없다는 사실을, 끊임없는 활동으로 성취할 수 있다는 사실을 보증하고 있는 것이다.

그렇다면 우리는 이 세상에서의 자신의 수명에 대해 어떤 관계를 가지고 있는 것일까? 성경에는 어떻게 기록되어 있을까? '네 부모를 공경하라. 그리하면 네 하나님 여호와가 네게 준 땅에서 네 생명

이 길리라.'출애굽기 20:12

그렇다면 수명은 우리의 노력에 달린 것일까? 아니면 아버지이신 신으로부터의 선물로써 주어지는 것일까? 그 양쪽 모두이다. '우리가 그를 힘입어 살며 기동하며 존재하느니라'사도행전 17:28고 기록되어 있기 때문이다.

만약 우리가 생명 그 자체이며 사랑 그 자체인 주 안에서 사랑으로 점철된 인생을 생각하고 살아간다면 신이 우리를 위해 계획하신 숙명을 우리는 완수하게 될 것이다.

## 영체와 마음의 관계

우리가 생각하는 것, 우리의 마음을 움직이게 하는 대상, 삶의 근거로 삼고 있는 것, 스스로를 양육하기 위해 부여하고 있는 것, 굳게 지키고 있는 신념, 이러한 것들이 우리의 영체(soul body)가 된다.

태초에 창조주의 생각 하나하나가 그 안에서 그 열매를 맺은 것처럼,* 이것은 법칙이다.

창조주는 씨앗을 가진 나무, 풀, 동물, 혹은 인간을, 그 종류에 따라 심지 않았는가? 그것은 창조주 자신의 활동 영역에서 움직이고,

---

* 창세기 1장 참조.

'창조력'의 최초 상념을 표현하는 능동적인 힘이다. 그것이 동양에서 말하는, 처음부터 결정되어진 '숙명'이다.

그러나 이것은 아직 진리의 절반에 지나지 않는다. 왜냐하면 마음이 영적인 것에 머물러 있으면 마음은 필연적으로 영적이 되며, 마음이 어떠한 형태이든 자기중심, 자기 탐닉, 자기 과시, 자화자찬에 머물러 있으면 그것은 '조물주(First Cause)'인 신과 상반되는 상태에 스스로를 놓게 되는 것이기 때문이다. 우리가 물질계에 들어가기 전부터 의지는 이미 마음을 통해서 '창조력'이신 신과 상충되는 상태에 있었다.

'이스라엘아 들으라. 주 곧 우리 하나님은 유일한 주이시라'<sup>마가복음 12:29</sup>는 법칙은 사람으로 하여금, 무한한 과거에서 무한한 미래에 이르기까지 유일한 자, 아버지이신 신에 대한 참된 본성을 깨닫게 한다.

우리가 건설적으로 생각하게 되면 우리는 신과의 일체성을 경험하고 그것을 알게 된다. 인간이 맨 처음 스스로를 육신(肉身)에 들어가게 한 이후, 영혼과 육신의 싸움이 있었다. 모든 물질이 그런 것처럼 육신은 물질계에서 죽음을 맞이한다. 그러나 영혼에는 죽음이 없다. 왜냐하면 영혼은 생명 그 자체이자, 신께서 인간에게 주신 선물이기 때문이다. 그리고 우리는 인내함으로 해서만 영혼을 소유하는 것이다.

## 인생의 이정표

이 세상에는 사람이 각자의 이해력에 따라서 해석하는 어떤 종류의 표시(signs)가 있다. 그것은 여러 경험 영역을 통과해온 영혼의 성장단계를 나타내며, 이번 생에 있어서 영혼이 선택한 인생의 여정을 나타내는 것이다. 많은 사람들이 이 표시들 중 몇몇에 대해 점성술, 숫자점(numerology), 골상학, 손금 등으로 해석할 수 있다고 생각한다. 그러나 우리는 그러한 방법들이 숙명을 해석하는 데 있어서 단정적인 것이 되지 않도록 충분히 주의할 필요가 있다. 왜냐하면 그러한 표시들은 인간의 의지에 의해 극복되는 것이며 성장과정과 그 가능성을 나타내는 데 지나지 않기 때문이다.

꿈이나 점성술, 숫자점 그리고 금속이나 돌 등의 파동은 우리에게 길을 보여주는 단순한 등불이나 징후로 보아야 한다. 이러한 것들은 우리가 어둠 속에서 걸려 넘어지지 않도록 하기 위한 촛불과도 같은 것이다. 초의 불꽃을 숭배해서는 안 된다. 오히려 그러한 빛들이 우리를 인도하려고 하는 그것을 숭배해야 한다. 숫자나 금속이나 돌의 파동은 우리가 '창조력'과 조화하는 것을 도와주는 힘에 지나지 않는다.

찬송가의 선율은 찬송가 가사처럼 거기에 담긴 메시지는 없지만 주를 섬기는 일에 힘쓰는 사람들에게는 도움이 된다. 자기 자신을 동조시키기 위해서만 그것을 사용하자. 자신이 이해하고 있는 것을 실천함에 따라서 다음에 내딛어야 할 단계가 주어진다. 이러한 방법들이 메시지를 가져다주는 것은 아니다. 그리스도 의식에서 메시지가 전해지도록 우리를 동조시키는 것일 뿐이다. 상황이나 경험 속에 적용해 나감으로써 성장이 찾아온다. 특정 출생일이 운명을 결정하는 경우는 없다. 운명은 특정한 충동이 쉽게 드러날 수 있다는 사실을 보여주는 것일 뿐이다. 오히려 그 충동들에 대해서 우리가 무엇을 하는가에 따라서 운명은 바뀌어 간다.

각각의 나라, 주(州), 도시는 그곳에서 살고 있는 사람들의 활동에 의해서 각자 고유의 파동을 일으킨다. 순전히 의지의 힘에 의해 파동에 변화가 생겼음에도 그것을 특정한 '표시'의 작용으로 해석해 버리면 커다란 착오가 생기게 된다.

빛을 구함에 있어서 그 구하고 있는 빛과 이정표를 혼동해서는 안 된다. 내적 자극에서 생겨나는 충동과 영적 자극 자체를 혼동해서는 안 된다. 영적인 힘을 지배해 버리는 육체의 감정과 그들 감정을 자극한 것을 혼동해서는 안 된다. 모든 힘, 모든 파워는 신 안에 있으며 신의 뜻에 복종한다. 바로 신 안에 우리가 찾아야 할 빛이 있으며, 우리는 몸과 정신과 영혼과 목적에 있어서 신과 하나가 될 수 있는 것이다. 신이야말로 길이다!\*

꿈에서 본 상태는 현실에서 일어나는 것일까? 그와 같은 상태는

---

\* 리딩 818-1 참조.

꿈을 꾼 순간에 결정되어 버리는 것일까? 그렇다면 어째서 특정한 상태를 꿈에서 보게 되는 것일까?

이러한 질문들에 대한 답은, 원인과 결과의 법칙은 우리의 선택에 의해서 변하지 않는다는 사실을 기억한다면 그 대답이 될 수 있을지도 모른다. 우리의 생각, 목적, 목표, 소망은 마음에 의해서 움직이며 현재의 상태는 그 결과이다.

꿈속에서 우리는 스스로 작동시킨 '경험의 창고'에 마음을 동조시킨다. 때로는 완전하게 접속 가능할 때도 있고, 그 외에는 우리의 생각을 경험이나 작동시킨 사실과 조화시킬 능력이 부족하여 잡음이나 간섭이 발생할지도 모른다.

완전한 동조의 결과는 우리의 인생에서 증명된다. 왜냐하면 어떤 사람은 비전을 보고, 또 어떤 사람은 눈에 보이지 않는 것을 해석하며, 다른 사람은 꿈을 꾸고, 또 다른 사람은 예언을 하고, 어떤 사람은 치유하고, 어떤 사람은 가르친다. 그러나 모든 사람이 같은 영에서 왔다. 이것은 숙명과는 아무런 관계도 없을지 모르지만 그것은 마음, 즉 영혼의 마음과 깊은 관계가 있다.

## 마무리

우리는 신에게로 가는 길 위에 있는 나그네들이다. 그곳에 이르는 길은 여러 가지가 있으며 우리는 그 가운데서 하나를 선택한다. 우리는 교사들에 의해서 길을 인도받을지도 모르지만, 우리에게 길의 전모를 보여줄 수 있는 것은 '길' 자체이신 주밖에 없다. 우리의 숙명도 주의 손에 있는 것이다.

따라서 너희 길을 알고 길을 보여야 한다. 주가 가르치신 것처럼 자신을 위해서가 아니라 타인의 일을 기도하기 위해 제단 앞으로 갔다 할지라도, 교회에 갔다 할지라도, 집회나 이웃의 집에 갔다 할지라도, 혹시 그 이유가 남들에게 칭찬을 듣거나, 존경을 받거나, 좋은 소리를 듣기 위한 것이라면 신은 그 소원을 들어주시지 않는다. 어째서일까? 너와 함께 다른 자가 너의 방으로, 너의 골방으로 들어가 기도에 응해 주시는 신, 아들을 통해 용서해 주시는 신을 거기서 쫓아내기 때문이다. 오로지 주의 이름으로. 왜냐하면 주는 이렇게 말씀하셨다. '다른 데로 넘어가는 자는 ('길'에 의해서 완전한 동조를 얻을 기회를 자신에게서 빼앗는) 절도며 강도요.'*

그렇다면 지금 너희는 너 자신을, 너의 몸과 너의 영혼을 신의 봉사에 다시 바치고 있는가? 주는 '너희가 내 이름으로 구하는 것은 이 지상에서 너희에게 주겠다'고 약속하셨다.

---

* 요한복음 10:1 참조.

그렇다면 지금 종으로서, 눈에 띄지 않는 일꾼으로서 가르침을 받는 것에 인내심을 잃어서는 안 된다. 먹을 것이나 묵을 곳이 여의치 않다고 해서, 또는 순간에 지나지 않는 이 세상에서 안락하게 살아갈 수 있을 만한 것이 부족하다고 해서 인내심을 잃어서는 안 된다. 왜냐하면 너희는 기다림에 지치지만, 주는 늦는 일이 없다. 영원은 길다. 영원을 평화와 조화 속에서 보낼 수 있도록 주 안에서 네 삶을 확실한 것으로 만들어라. 어떻게 해서? '너희가 이들 내 형제에게 한 일은 곧 내게 한 일이다.' 끝까지 친절하라. 너의 숙명은 주 안에 있다. 너희는 사랑에 있어서, 이웃과의 사귐 안으로 주를 불러들이고 있는가? 아니면 너는 자기 자신의 영광, 자신의 영예, 자신의 명성, 자신이 듣기 좋은 소리를 원하고 있는가? 만약 그렇다면 너희는 주를 쫓아내게 되는 셈이다.

 손이 아니라 영원에 의해서 만들어진 너의 방으로 들어가라. 왜냐하면 주는 거기서 너와 만나실 것을 약속하셨기 때문이다. 거기에서만 너희는 신을 뵙고 이 인생을 행복과 기쁨과 이해가 가득한 것이 되도록 인도받을 수 있기 때문이다.

 너희가 그렇게 배운 것처럼, 주가 너를 사랑하신 것처럼 너희는 서로를 사랑하라. 너의 마음이 그것을 이해할 수 있도록 주는 천국과 그 모든 권력, 모든 영광을 포기하고 너희가 주를 통해서 아버지이신 신에게 다가갈 수 있도록 육신으로 지상에 오신 것이다. 주를 바라본다면 주 안에서 길이 하나로 분명하게 정해져 방황은 조금도 없을 것이다. 그러니 네 생각이나 네 행동이 네 형제에게 의심을 품게 하거나 혼란을 주지 않도록 하라. 주도 그와 같은 일은 하지 않으셨다. 주는 '너희, 하늘의 아버지께서 온전하신 것처럼 너희도 온전하라'고 말씀하셨다. 그러면 너희는 '이 흙 위에서 사는 자에게는 도저히 불가능한 일이다'라고 말한다. 주도 그러셨을까? 너희는 '내게는 너무 어렵다'라고 말한다. 주도 불평을 하셨을까? 주도 발을 헛디디셨을까? 물론 주는 외치셨다. '아버지여, 가능하다면 이 잔을 거두소서'라고. 그렇다, 너희도 앞으로 몇 번이고 주처럼 소리 높여 울 것이다. 너 혼자서는 그 무거운 짐을 견딜 수 없다. 그러나 주는 약속하셨다. '너의 멍에를 내 위에 씌우라. 내가 너를 인도하겠다……'라고. 주는 약속을 지키시는 분이다.

주를 너의 기쁨, 너의 슬픔, 너의 모든 일에 불러들여라. 왜냐하면 주 한 분만이 생명의 말씀을 가지고 계시기 때문이다. 리딩 262-77

여섯 번째 가르침

# 육체의 숙명
## Destiny of the body

죽은 자가 살아난다는 것을 말할진대,
너희가 모세의 책 중 가시나무 떨기에 관한 글에 하나님께서 모세에게 이르시되
'나는 아브라함의 하나님이요, 이삭의 하나님이요,
야곱의 하나님이로라' 하신 말씀을 읽어보지 못하였느냐.
하나님은 죽은 자의 하나님이 아니요 산 자의 하나님이시라.
- 마가복음 12:26-27

## 기도의 말

주여,
어떠한 형태가 됐든 우리의 육체를
주의 형제들에 대한
당신 사랑의 살아 있는 모범으로 쓰소서.

**여섯 번째 가르침**
# 육체의 숙명

## 시작하며

지상에 있는 동안 우리는 육체와 마음과 영혼을 갖게 된다. 그것은 각각 경험의 한 측면, 의식의 한 측면을 나타낸다. 물질계에 모습과 형태를 가지고 나타난 것이 육체이다. 육체의 숙명은 우리에게 달려 있다. 어떤 사람들은, 육체는 땅에 속한 것으로 이 세상에 태어나 죽음으로써 땅으로 돌아갈 뿐이라고 생각한다.

그러나 주께서는 우리가 주에 의해서 풍요로운 생명을 얻을 수 있도록 지상에 오셔서 우리를 위해 모범을 보이셨다. 그렇기 때문에 우리는 매일매일, 시시각각, 몇 번이고 몇 번이고 이 육체를 거듭나게 하고 되살아나게 하여 완성된 인간의 의식에 들어갈 때까지 그것을 계속하는 것이다. 마치 주가 그러셨던 것처럼.

그를 위해서는 지상에서의 인생을 몇 번이고 되풀이할 필요가 있을지도 모른다. 신이 우리에게 보여주신 자비와 인내가 그 얼마나 큰지! 예수는 인간이 신과 하나라는 사실을 이해할 수 있도록 신이 인간에게 보이신 은혜가 얼마나 큰지를 나타내기 위해서 '풍요로운 생명', '풍요로운 경험'이라는 말을 사용하셨다.

마음의 숙명은 물질적이며 동시에 영적이다. 마음은 '창조자'이며, 그렇기 때문에 마음의 숙명과 육체의 숙명은 긴밀하게 연결되어 있다. 육체의 숙명은 마음을 통해서 서서히 형성된다. 영혼의 숙명은 신과 함께 있다. 그러나 육체의 숙명은 우리 곁에 있다. 왜냐하면 우리의 마음은 육체적 자각을 통해서 작동하며, 그렇게 해서 서서히 육체를 만들어 가기 때문이다. 따라서 우리는 육체를 통제하고 있는 우리의 생각이 영적인 마음(mind) 영역에 있는 높은 목적과 조화를 이루도록 의식적으로 정신(mental)에 촉구해야 한다.

우리들 한 사람 한 사람이 생(生)의 한부분의 관리를 맡고 있는 것이다. 바라건대 주 예수가 그러셨던 것처럼 '아버지여 당신이 제게 주신 것을 저는 하나도 잃지 않았습니다'라고 말할 수 있는 인생을 우리가 살 수 있기를!

## 육체란 무엇인가?

우리의 육체는 원자(atom)로 구성되어 있는 구조물로, 환경과 유전의 법칙뿐만 아니라 영혼의 성장에도 영향을 받는다. 하나하나의 원자, 하나하나의 입자는 그 자신의 구조 속에 우주의 모든 패턴을 가지고 있다. 우리의 육체는 여러 가지 성질을 가진 요소로 구성되어 있는데, 그것들이 육체를 활동할 수 있는 상태로 유지하고, 항상성(恒常性)을 유지한다. 육체는 영혼이 머무는 수로이자, 거처이며, 한 덩어리의 점토이다.

정신체 · 영체 · 육체는 삼위일체의 그림자다. 육체는 사람을 나타내고 정신은 사람의 구원자를 나타낸다. 왜냐하면 우리는 정신력을 행사함으로써 육체, 혹은 영으로 표현하고 싶은 것을 만들어가기 때문이다.

영체는 창조주를 나타낸다. 왜냐하면 영혼은 그 창조주의 형상대로 만든 것이며, 영에 있어서 창조주의 동반자가 되도록 만들어졌기 때문이다. 육체란 영혼이 물질계에 머무는 동안의 집과 같다. 이러한 사실은 그에 대해 인식하는 사람에게 계시된다. 사람들과의 여러 가지 경험 속에 기회가 마련되어 있는데, 그 기회들에 대해서 어떻게 행동할지는 우리 한 사람 한 사람에게 맡겨져 있다.

## 우리는 육체의 숙명을 자각하고 있는가?

우리의 육체는 살아 계신 신, 살아 있는 영혼의 신전이다. 육체는 썩어갈 수밖에 없는 것일까? 영원히 소멸하게 되어 있는 것일까? 아니면 영광을 받아 영화(靈化)되는 것일까?

육체란 우리가 전체의 한부분으로 나타나기 위한 구조물이며, 그렇기 때문에 우리의 육체는 우리 안에 있는 신의 소유물이다.

우리는 그 육체를 사용해서 무엇을 하려는 것일까? 신은 우리에게 자유의지(free will)를 주셨다. 신조차도 우리가 앞으로 무엇을 할지 알지 못하신다. 만약 안다면 신은 인간을 만드신 것을 후회하셨을까? 신은 하나의 영혼이라도 그것이 소멸되도록 정하지는 않으셨다. 그런데 우리의 육체는 어떠한가? 우리는 자신들의 신전을 용납하기 어려운 것으로 만들어버린 것인가? 그와 같은 삶을 살아온 것일까? 그 결과 육체라는 신전에 영광을 부여하는 일에 무관심해져 버린 것일까?

우리는 타인들에 대해서는 육체를 꾸미려 한다. 그러나 신에 대해서는 게을리 하고 있지는 않은지? 주가 명령하신 것처럼 영혼의 '집'에 합당한 것이 되도록 육체를 깨끗이 하고 있는가?

육체의 상태는 우리가 기회에 임해서 무엇을 할지에 따라 결정된다. 우리가 주 예수처럼 되려면, 우리는 그처럼 살고, 그처럼 행동하고, 우리의 육체가 주와 하나가 되도록 해야 한다. 그렇게 하면 우리의 육체도 영광을 얻을 수 있을 것이다.

각각의 생(生)에서 우리에게 각기 다른 이름이 있었다는 사실이 많은 사람들에게는 혼란의 원인이 될지도 모른다. 그러나 우리가 '창조의 모든 힘', 신, 여호와, 야훼, 아바라고 말할 때 우리는 하나의 같은 존재를 부르지 않는가? 우리는 몇 번 거듭 태어난다 할지라도 (올바른 길을 구하고 있는 한) 언제나 신과 하나가 되기를 구하고, 또 자신을 자신으로서 인식하면서도 커다란 존재와 하나라는 사실을 깨닫기를 원해 왔다.

육체의 숙명은 우리 안에 있으며 특정한 인생과 여러 가지 인생에 있어서 자신의 육체로 무엇을 할지는, 우리 스스로가 선택하도록 되어 있다.

## 육체를 산 제물로 바치는 것은 무엇을 의미하는가?

우리는 자기 자신을 타인에 대한 축복의 수로로써 나타내야만 한다. 축복이 되기 위해서는 자신을 희생으로 하여 타인에 대한 살아 있는 표본이 되어야 하는 경우도 있을 것이다. 그러나 희생이란 반드시 포기하는 것만을 의미하지는 않는다. 그것은 오히려 어떤 분명한 목적을 위해서, 이상을 위해서, 사랑을 위해서 육체에 영광을 부여하는 일이다.

바라건대 우리가 이해하고 있는 일을 실천함으로써 우리의 육체로써 길을 보여줄 수 있기를! 그로 인해서 다른 사람들이 정신적 도약을 달성하고, 그들의 인생이 목적으로 충만하다는 자각에 이르기를! 그것은 미움을 사랑으로, 다툼을 평안으로 바꾼다. 우리가 생각하는 것은 모든 사람들의 경험 속에서 작용하며, 우리의 생각이 만들어낸 분위기에서 사람들은 자기 자신의 인생에 동기 부여의 힘을 이끌어낸다.

우리는 각자가 생명(즉, 신) 중 일부분의 관리를 맡고 있는 것이다. 바라건대 그리스도께서 가르치고 살아가신 것처럼 우리 자신이 살아 있는 표본이 되기를. 그리스도가 우리에게 타인에 대한 봉사를 요구하셨을 때, 설령 다른 사람의 눈에는 그것이 자신의 인생을 희생하는 것처럼 보일지라도 "주여, 저는 여기에 있습니다. 무슨 일인지 말씀하십시오"라고 대답할 수 있기를. 주의 길을 사랑하는 사람들에게는 바로 그것만이 유일하게 온당한 봉사이다.

## 육체라는 성스러운 신전을 어떻게 사용할 것인가?

'그 마음의 생각이 어떠하면 그 위인도 그러한즉'잠언 23:7이라고 성경에 기록되어 있다. 그렇다면 우리는 자신이 무엇을 생각하고 있는지 항상 주의해야만 된다. 왜냐하면 생각은 하나의 사물인데 그것은 우리의 인생에서 범죄가 되기도 하고, 기적이 되기도 하기 때문이다. 우리의 성스러운 신전은 올바른 생각과 올바른 행동에 의해서 정갈하게 유지된다. 주는 문 앞에 서서 문을 두드리신다. 우리는 지극히 높으신 분의 거처를 더럽히거나 하찮게 보는 어떠한 것도 들어오지 못하도록 자신의 신전을 청결하게 유지해야 한다.

신전의 정숙함을 유지하자. 이 세상의 잡음이나 혼란이 우리를 두려움에 떨게 하는 일이 없도록, 우리의 예배가 그러한 것들에 방해받지 않도록 하자. 이 세상에 있지만 이 세상에 속하지 않는 삶은 충분히 가능하다. 우리가 주와 같은 존재가 될 수 있도록, 사랑만이 그 거처를 발견할 수 있도록 하자. 우리보다 먼저 주께서 우리를 사랑해 주신 것처럼.

그 모범은 우리의 표본이 되기 위해 지상에 오신 주에 의해서 제시되어 왔다. 만약 우리가 주처럼 되기 바란다면 우리는 자신의 육체가 영광을 받을 수 있는 삶을 살아야 한다. 그것은 우리 자신의 정신과 육체를 정화하고, 모든 사람들의 모범이 되기 위해 육체를 입으시고 그 육체를 영화시킨 주의 영광을 앎으로써 이룰 수 있다.

그리스도의 영이 우리를 내면에서부터 인도해 주시기를, 그리고 우리에게 길이 제시되기를 바라자. 창조주이시자, 생명의 기록자, 생명의 완성자이신 주가 우리를 찾아와 우리 곁에 머물러 주신다는 깨달음, 이보다 더 커다란 깨달음은 없다.

기회가 지나버렸다는 등의 생각은 결코 해서는 안 된다. 왜냐하면 신의 은혜에 한계 따위는 없기 때문이다. 오늘이라는 날이 주께서 받아주시는 날이라는 사실을 깨달을 때, 우리는 그 선택을 한다. 시작하기에 늦은 경우란 결코 없다. 왜냐하면 물질 경험을 하고 있는 생명에게 있어서 그것은 물질세계를 살아가는 노력의 연속이자 그로 인해서 사람은 은혜의 어좌 앞에서 자신을 해명할 수 있기 때문이다. '너희가 사랑으로, 친절한 마음으로 이들 가장 작은 자, 나의 아이들에게 행하는 일이 곧 나에게 하는 일이다'라는 방법으로 이것은 달성되는 것이다.

신과 함께 한다면 모든 일들이 가능해진다. 하루 만에 결과를 바라서는 안 된다. 왜냐하면 씨앗을 뿌린 이튿날 수확을 할 수는 없기 때문이다. 뿌린 씨앗은 그것이 열매를 맺는 시기가 되어야 거두어들일 수 있다. 물질적인 만족에만 바탕을 둔 어리석은 행위는 우리의 육체 경험에 독초나 잡초를 가져다준다. 은혜와 진리와 정의에 의해서 뿌려진 것은 그 세계에서 보수를 가져다준다. 왜냐하면 신을 속일 수는 없기 때문이다.

우리가 최선을 다하고 있다면 그 결과에 대해서는 걱정할 필요가 없다. 우리는 그 결과를 우리의 창조주에게 맡기면 되는 것이다. 남들에게 잘 보이기 위해서 올바른 일을 하는 것이 아니라, 우리의 친절, 인내, 동포애를 통해서 '아버지'의 영광이 나타날 수 있기를 바라기에 하는 것이다. 이러한 일들이 건강과 조화와 이해를 낳는다.

우리의 형제, 우리에게 봉사하는 사람들, 우리의 이웃까지도 우리를 좋게 생각할 수 있도록 노력하자. 만약 그들이 우리를 좋게 생각하지 않는다면 죄가 문 앞에 누워 있다는 증거다. 이것은 자신을 탓하라고 추궁하는 것이 아니다. 왜냐하면 우리는 신의 손에 의한 작품이자 우리가 해야 할 행동을 알고 있기 때문이다.

우리가 은밀하게 한 행동도 언젠가는 우리의 인생 가운데, 산꼭대기에서 공표될 것이라는 사실을 분명히 자각하자. 응당한 보수나 보복이 천 년 동안이나 늦어진다 할지라도 우리는 자신이 뿌린 것을 언젠가는 만나게 된다. 우리는 그것을 어떤 식으로 만나게 되는 것일까? 자신의 힘에 의지할 것인가? 우리는 오히려 '너희는 내 백성이 되겠고 나는 너희의 하나님이 되리라'<sup>예레미야 11:4</sup>는 약속에 의지해야 하지 않을까?

우리는 육체라는 이 성스러운 신전을 가지고 무엇을 하려는 것일까? 육체를 창조주에게 돌려드릴 때, 값을 매길 수 없을 만큼 가치 있는 것이 되도록 육체를 정화하고 영광을 부여하도록 하자.

## 육체의 부활이란 무엇을 의미하는가?

우리가 물질로부터 끄집어낸 여러 가지 육체는 색도 다르고 모양이나 크기도 다르다. 그렇다면 우리는 어떠한 육체를 가지고 다시 태어나는 것일까?

처음부터 너희가 가지고 있던 바로 그 몸이다! 즉, 모든 시대를 통해서 줄곧 너의 것이었던 바로 그 몸이다! 그렇지 않다면 어찌 (나라는) 개별적인 존재가 있을 수 있겠는가? 육체적인 것, 다시 말해서 티끌은 소멸된다. 그러나 그것을 다시 응집시키면 그것은 무엇이 되는가? 같은 몸이다. 그것이 다른 몸을 낳는 일은 없다!리딩 262-86

우리는 각자 자기 고유의 파장(wavelength)을 가지고 있다. 우리는 하나의 빛줄기를 가지고 있는데 우리는 그것을 타고 지상에 왔으며, 또 '아버지'가 계신 곳으로 돌아가야 한다. 그렇지 않으면 우리는 고유의 정체성을 잃어버린다. 그렇기 때문에 우리는 영광을 받은 육체가 '전체'와 하나이면서도 자기 자신의 것이라는 상태를 얻을 수 있을 때까지 육체를 깨끗이 하도록 노력해야 한다. 바꿔 말하면 자신을 자신이라고 인식하면서도 신과 하나가 되는 상태이다. 신은 죽은 자의 신이 아니라 살아 있는 자의 신이다.

우리의 주는 부활하셔서 당신의 육체를 되살리셨다. 주는 우리의 표본이다. 따라서 우리는 주가 행하신 것처럼 죽음을 극복하고 생사의 변화를 극복하고, 주가 '전체'와 하나이신 것처럼 우리도 주와 하나가 될 수 있도록 온갖 물질, 온갖 양상, 온갖 경험에 있어서 존재 의식의 변화를 극복해야만 된다.

## 육체의 경험을 어떻게 볼 것인가?

우리가 지금 처한 상태는, 아버지이신 신으로부터 받은 기회를 우리가 어떻게 사용해 왔는가 하는 그 결과이다. '조물주'인 신과의 관계를 잊으면 우리에게 남는 것은 물질적인 욕망의 충족뿐이며 그것은 우리로 하여금 쉽게 적을 만들고 우리를 괴롭게 하는 원인이 된다.

식물의 씨앗은 전부 그 자신의 안에 있다. 마찬가지로 모든 살아 있는 영향력의 씨앗도 그 자신 안에 있다. 동포를 대하는 우리의 행위, 세계 전체를 대하는 우리의 행위에 대해서도 역시 마찬가지다. 우리는 뿌린 것의 결과를 경험하고, 우리가 타인을 취급한 것처럼 우리도 취급받는 것이다.

"우리가 기회를 어떻게 사용해 왔는가?" 하는 것은 자신의 활동으로 분명하게 자각할 수 있다. 우리가 잘못된 행동을 해왔다면 그 잘못은 타인에 대한 우리의 태도에서 분명하게 드러나게 된다. 우리의 활동이 '사심 없는' 것이라면 스스로를 이 세상에 바친 주와 같은 자가 된다. 어떠한 형태로 자신을 준비하든 그 준비된 것을 활용할 때와 장소는 언젠가 반드시 찾아온다.

주의 얼굴 빛으로 우리를 인도하게 하자. 주를 나타내기 위한 수로로써 우리가 육체와 정신과 능력을 사용한다면 주는 기꺼이 우리를 인도해 주신다. 우리가 가지고 있는 능력은 이번 생에서든 전생에서든 주어진 기회에 대해 자신이 무엇을 해왔는가에 대한 결과이다. 이 사실은 물질세계뿐만 아니라 여러 의식세계에서의 진실이다. 따라서 다른 사람들을 도움으로써 보다 큰 도움이 자신에게도 찾아온다는 사실을 알게 될 것이다. 왜냐하면 그것은 우리 자신의 한 부분이 되고 우리의 경험의 일부가 되기 때문이다.

영혼이 이 지상에 들어오는 목적은 내면의 신을 일깨우기 위해서이며 그것은 동포에 대한 영의 열매를 나타냄으로써 실현된다. 따라서 우리는 해야 한다고 믿는 일을 성심껏 행해야 하며, 그 결과는 신의 손에 맡겨야 한다. 하늘을 나는 새와 들판의 백합에게 옷을 입히시는 신은 주의 길을 사랑하는 사람에게 마음을 주신다. 모든 체험은 우리가 성장하는 데 필요한 요소라고 생각하자.

물질에 있는 모든 것, 형체가 있는 모든 것은 정신적, 혹은 영적인 간구에서 비롯되며, 성스러운 인도의 영향력 아래에서 모습을 나타낸다. 과오와 불명예, 혼란을 일으키는 부정적인 힘은 우리가 생각과 정신활동으로 그것들에게 힘을 실어주지만 않는다면 미미한 것에 불과하다. 그들 부정적인 존재를 부인한다 한들 그것들이 사라져 없어지는 것은 아니다. 과오나 혼란으로 나타난 일을 디딤돌로 삼아 시련과 유혹, 고난을 유익한 경험으로 변모시킬 수 있는 상황으로 만들어 나가야 한다. 왜냐하면 주는 인내하고 승리함으로써 왕 중의 왕, 주 중의 주가 되셨기 때문이다. 따라서 우리도 자신의 경험을 올바로 사용함으로써 우리의 의식에 조화—그것은 평안, 선, 기쁨의 또다른 이름이다—가 찾아온다는 사실을 알게 될 것이다. 지상에 속한 살과 피가 영광을 얻거나 영광을 받는 것은 불가능한 일일지도 모른다. 그러나 참된 몸(표피적인 몸이 아니라, 참된 몸)은 신의 임재 속에서, 또는 동포 가운데 전체 중 일부로서 자기 자신을 인식할 수가 있다.

우리 안에 선천적으로 자리잡고 있는 '신의 힘은 하나'라는 신앙을 유지하도록 하자. 동포에 대한 우리 활동 중에서 이 신념을 표현하거나, 또 명상이나 우리의 정신 속에 그 신념을 유지함에 따라 우리는 내면의 자아에서 그것을 체험하게 된다.

모든 사람은 채찍 아래를 통과해야 한다. 그러나 신은 자비와 배려로 채찍을 느슨하게 해오셨다. 따라서 우리도 우리의 판단을 누그러뜨리고, 인내를 발견하고, 자기 안에서 은혜의 어좌와 조화를 이루는 것을 찾아내야 한다. 자비를 구한다면 우리 자신이 동포에 대해서 자비를 보여야 한다. 그렇다, 우리에게 원수를 지는 사람들이나 우리를 잔혹하게 다루는 사람들에 대해서조차.

지상의 속박에서 벗어난 사람들에게 있어서 육체적인 죽음은 다른 체험의 영역에서 태어나는 일에 불과하다. 그러나 지상에서의 각 체험에도 의미가 있다. 왜냐하면 우리는 물질세계에서 우리의 활동에 나타나는 '창조력'과 협조·협력할 수 있도록, 더 큰 성장을 위해서 지상에 왔기 때문이다. 지상에서의 선택은 자유의지에 의해 이루어지지만, 지상에서의 생애와 생애 사이의 중간세계에서의 선택은 우리가 물질 형태에 있었을 때 무엇을 달성했는가에 따라서 조건 지어진다. 우리는 육체를 가진 상태에서 뿌린 것과 대면해야만 하는 것이다.

## 우리는 어떻게 해야 인정받을 수 있는가?

우리의 몸은 우리의 영혼이 진리의 영을 물질세계에 나타내기 위한 수로에 지나지 않는다. 우리는 실패나 결점 등 자신의 약점에 맞서야만 하는 상황에 자신이 놓여 있음을 깨닫는다. 이러한 것들은 환경이나 유전의 영향에 의해서, 혹은 인간관계를 통해서 작동하는데, 인생을 되돌아보면 우리가 진심으로 신에게 구할 때 창조의 힘이신 신이 우리를 둘러싼 그 상황들로부터 벗어날 길을 마련해 주신다는 사실을 깨닫게 된다.

우리의 활동은 우리가 자발적으로 선택한 것이다. 우리는 예수를 통해서 지상에 그리스도 의식을 나타내기 위한 방법, 길을 부여받았다. 예수는 당신이 표본이 되어 사랑과 인내와 희망을 보이기 위해 인간으로 오셨다. 예수는 그 사실을 활동으로 몸소 보여주셨다. 그것은 예수가 그러셨던 것처럼 우리도 서로의 관계에서 올바르고 공정하고 성실하고 정직한 일을 하도록 하기 위해서이다. 성경에 '내 형제 중에 지극히 작은 자 하나에게 한 것이 곧 내게 한 것이니라' <sup>마태복음 25:40</sup>고 기록되어 있는 대로이다.

진리를 위해서 진리를 알자. '천지는 없어지겠으나 내 말은 없어지지 아니하리라'<sup>마가복음 13:31</sup>고 예수는 말씀하셨다. 그러니 동포와의 관계에 있어서 우리에게 신의 임재를 깨닫게 하는 법칙을 실천하도록 하자. 이 세상의 번뇌나 사람을 속이는 부와 허식과 영예, 명성으로 인해 그것을 방해받아서는 안 된다.

죄악을 피할 수 없다는 것은 진실이다. 그러나 죄악을 가져다주는 사람은 불행하다!

해야 할 일임을 알면서도 게을리 행하는 일이 없기를. 우리의 활동이 적극적이기를. 우리의 사랑이 거짓이 아니기를. '악을 미워하고 선에 속하라.'<sup>로마서 12:9</sup>

우리는 육체의 나약함이 병의 고통, 고뇌의 탄식을 가져다주는 것을 보아왔다. 그러나 또 자연 속에서 인간에 대한 신의 사랑을 나타내는 작용과 힘을 보아왔다. 그렇기 때문에 우리는 힘이 있을 때나 나약할 때나, 신에 의지함으로써만 힘을 얻을 수가 있는 것이다.

신은 길을 준비해 주셨다. 우리는 그 인생이 어떠한 단계에 있든 다른 사람들에게 유익한 이해를 가져다주기 위한, 혹은 적용하기 위한 수로에 지나지 않는다. 신의 임재는 우리 안에, 우리와 함께 있다.

육체의 숙명은 우리와 함께 있다. 우리는 완전한 몸을 가지고서만 창조주에게로 돌아갈 수 있는 것이다.'

---

\* 리딩 696-3 참조.

일곱 번째 가르침

# 영혼의 숙명
Destiny of the soul

"내 평생에 선하심과 인자하심이 정녕 나를 따르리니
내가 여호와의 집에 영원히 살리로다."
- 시편 23:6

## 기도의 말

주여,
당신이 큰아들을 통해 하신 약속에 의해서
당신을 좀 더 알 수 있게 되도록,
저를—저의 마음과 몸과 혼을—
당신과 하나가 되게 해주소서.

**일곱 번째 가르침**
# 영혼의 숙명

### 시작하며

사람의 원래 상태는 영혼이다. 모든 영혼은 태초에 창조주의 형상대로 만들어졌다.* 이 최초의 창조는 영적인 것이었다.

물질세계에서 영혼의 성장은 우리가 여러 가지 의식의 영역에서 경험한 것을 모아, 날실과 씨실로 짜서 만든 옷과 같다. 지상에 머무는 동안 우리는 작업복이나 죄수복, 결혼식 예복 등 여러 가지 옷을 입는다. 그리고 의지에 따라 방향이 정해진 마음에 의해 품위 있고 숭고한 것, 혹은 이기적이고 자신을 천박하게 만드는 것을 영혼

---
* 창세기 1:27

속에 만들어 나간다. 이렇게 해서 우리가 영혼 속에 만들어 온 것이 우리에게 명예로운 지위에 오를 기회를 주기도 하고 불명예스러운 상황을 가져다주기도 하는 것이다.

그러나 불명예스러운 상황이라 할지라도 우리는 의지의 힘으로써 그것을 명예로운 지위에 오르는 디딤돌로 만들 수가 있다. 이러한 것들도 역시 영혼에 각인된다.

우리의 의지는 극히 신성한 힘이다. 이 의지력을 어떻게 사용하느냐가 우리의 운명을 결정짓는다. 모든 영혼은 '창조력'의 자손, 신의 자손이며, 의지라는 특권을 지금까지 어떻게 사용해 왔는가에 대한 결과이다.

생명은 그 본질에 있어서 영적인 힘이며, 영원히 지속되는 것임을 이해하자. 생명의 자락은 이 지상에서 그런 것처럼, 물질계에 나타나기도 하고 그 외의 여러 가지 의식세계에 나타나기도 한다. 그러나 어떠한 세계에 생명이 나타난다 할지라도 '마음'만이 온갖 세계를 통해서 작용하고 창조하는 보편적인 힘이다. 신으로 숭배하는 '창조력' 속에서 '자신'이라는 고유의 존재를 자각하게 되는 것도 이 마음의 작용에 의한 것이다.

영혼의 창조

영혼은 신에 속한다. 영혼은 신 안에서 시작되며, 신 안에만 그 끝이 있다. 신의 이름을 부르는 것은 자신이 '전체'의 일부라는 사실을 재확인하는 것이다. 그리고 우리는 '전체'의 일부이기 때문에 그 사실을 알고 있다. 우리의 영혼은 '창조력'의 일부로서 존재할 수 있으며 '아버지'의 일에 동참하는 동반자로서 '아버지'의 뜻에 따라서 생명의 숨결을 부여받았다.*

우리의 영혼은 영원한 창조력을 부여받은 불멸의 존재이자 이 창조력을 표현함으로써 자신이 신과 하나임을 알게 되는 것이다. 따라서 영혼의 숙명은 모든 창조물이 그러하듯이 창조주와 하나가 되는 것이다.

영혼이 영적, 정신적, 육체적인 형태로 나타난 것을 실체(實體)라고 부른다. 영혼은 제아무리 멀리 방황한다 할지라도, 스올에 내 자리를 펼지라도, 새벽 날개를 쳐서 하늘의 가장 높은 곳에 오를지라도** 결국에는 영혼이 나온 원천인 신의 품, 창조주의 품으로 돌아가야 한다.

우리의 영혼은 영원히 죽지 않는다. 어떻게 '영혼'이 죽을 수 있단 말인가? 대체 어떻게 신이 죽을 수 있단 말인가? 어떻게 신이 자

---

* 창세기 2:7
** 시편 139:8-9

신을 파괴할 수 있단 말인가?

영혼은 차례차례로 육체를 바꿀지도 모른다. 여러 의식 세계의 경험을 추구할지도 모른다. 그러나 영혼은 자신이 왔던 원천으로 돌아갈 길을 찾고 있는 것이다.

영혼의 기원이란 무엇일까? 영원의 시작이란 무엇일까? 영원이란 영원함에서 영원함으로 이어지는 것이다. '새벽별이 함께 노래할 때'* 우리는 거기에 있었다. 모든 하늘이 거두어지고 언젠가 시간이 존재하지 않게 될 때, 보라, 우리는 거기에 있게 될 것이다. 지금은 태초에 그랬던 것처럼 우리는 신의 아들이며, 우리의 숙명은 신을 섬기는 왕이자 제사장이 되는 것이다.

## 마음과 몸에 대한 영혼의 관계

영혼의 몸은 창조주의 형상대로 만들어진 모습이며 영에 있어서 '창조력'의 동료이다. 그 놀라움은 말로 표현할 수가 없다. 그것은 신이 그랬던 것처럼 경험하지 않으면 알 수가 없다. 우리의 육체는 영혼이 일시적으로 사는 집에 불과하다. 신에게서 잠시 빌린 영혼의 능력은 육체 경험 속에서 활용할 기회를 얻는다. 우리가 신과 얼

---

* 욥기 38:7

마나 조화를 이루고 있는지, 신에 대한 이해가 얼마나 깊은지는 타인과의 관계에서 그 능력을 얼마나 사용하고 있는가로 나타난다.

지상에서의 여러 번 머무는 동안 영혼은 의지를 어떻게 쓰느냐에 따라서 혼란, 소동, 다툼으로 향하는 경험을 가져다줄 수도 있고, 인생의 목적을 더욱 깊이 이해하는 경험을 가져다줄 수도 있다.

예를 들어 헐뜯고 모함하는 말이나 불친절한 말이 자신에게 던져진다 해도 자기 내면의 평정심을 유지하고 그들을 혼내주어야겠다는 개인적인 감정을 초월할 수 있다면 우리는 예수가 가르치신 신과의 조화를 이해한 것이다. 예수 자신이 이렇게 해서 승리하신 것이다.

그리고 주 예수는 우리들 역시 상처 받거나 시험에 빠지거나 가혹한 일을 당해도 그것을 초월할 수 있다는 사실을 알고 계셨다. 모범이신 주와 함께 있으면 복수하고 싶다는 마음은 우리 마음속에서 사라진다. 우리가 화를 내면 그때마다 나중에 우리로 하여금 발을 헛딛게 하는, 억제할 수 없는 충동을 쌓는 셈이 된다. 따라서 발목을 잡거나 방해가 되는 일에 대한 분노와 성급한 언동을 일으키는 일이 생기더라도, 주의 길에 일치시키는 보다 완전한 이해를 실현시키기 위한 디딤돌로 사용하도록 하자.

그것이 아무리 힘든 일이라 할지라도 다른 사람들을 돕기 위해서 우리 자신을 바치거나 우리의 사랑과 인내와 배려를 바칠 때 우리는 주의 길을 배우고 있는 것이다. 그런 우리를 주가 지탱해 주실 것이다. 주의 아름다운 삶을 우리 인생의 지침서로 삼는다면 우리 인생에 유혹으로 나타나는 여러 가지 일이나 우리를 불안하게 만드는 여러 일들도, 우리의 무거운 짐을 함께 지시겠다고 약속하신 주에게 전부 맡길 수 있을 것이다.

우리는 영혼의 성장에 도움이 되는 여러 가지 이치를 구체적으로 실천하기 위한 수단으로써 육체를 취하는 것이다. 이 사실을 이해하도록 하자. 영혼을 성장시킬 기회는 우리 이웃과의 관계 속에 나타난다. 어떠한 시대이든 우리가 지상에 온 목적은, 배워야 할 것을 배우고 자신의 영혼을 표현할 기회를 새로이 얻기 위함에 있다.

법칙을 알고 있는 것만으로는 충분하지가 않다. 그 지식을 구체적이고 실천적인 행동으로 옮길 때 그것은 우리 인생을 움직이는 힘이 된다. 우리를 통해서 '창조의 에너지'가 풍요롭게 작용할 수 있도록 우리의 몸을 수로로 만들자. 그렇게 함으로써 우리는 창조주 안에서 자신 고유의 정체성을 인식하게 되는 것이다.

우리는 매일같이 흔히 있는 일로, 자신이 이해하는 범위에서 영적 법칙을 지키며, 사랑과 봉사의 법칙을 하루하루 타인에게 실천함으로써 자신의 영혼에 대해 깨닫게 된다.

우리는 동포에 대해서 어떠한 관계를 쌓는 것이 자신의 이상인지를 명확히 하고 그 이상에 도달하도록 노력해야 한다. 왜냐하면 동포를 어떻게 대하느냐 하는 것으로써 신에 대한 우리의 이해 정도가 나타나기 때문이다.

예수가 우리에게, 무엇보다 먼저 신의 나라를 구하라, 그리하면 다른 모든 일은 저절로 더해질 것이라고 말씀하신 것은, 비유가 아니라 말 그대로의 의미로 말씀하신 것이다. 단 우리가 주위 사람들과 조화를 이루고 있을 때에 한한다는 조건이 덧붙여져 있다. 따라서 우리는 인내함으로써 (자신에 대해, 친구에 대해 그리고 적에 대해 인내함으로써) 스스로의 영혼을 자각하게 된다. 이렇게 함으로 해서 우리는 아들에 의해서 '아버지'에게 다가갈 길이 있음을 알게 된다.

은혜의 어좌로 다가가는 길이 닫혀버린 사람은 아무도 없다. 주는 다음과 같이 약속하셨다. '너희가 나를 사랑하면 나의 계명을 지키리라. 내가 아버지께 구하겠으니 그가 또 다른 보혜사를 너희에게 주사.' 요한복음 14:15-16 라고.

시련이나 유혹의 순간이 찾아올지도 모른다. 우리의 목적이 실망만을 가져다주는 것처럼 여겨질 때가 있을지도 모른다. 그러나 우리의 내면에서 신앙을 굳건히 붙들 수만 있다면 신의 사랑을 알고 그 이해를 더할 수 있는 것을 거기서 발견하게 될 것이다. 왜냐하면 우리가 육체에 있든, 또는 그렇지 않든 우리 자신은 신이 나타내신 것이기 때문이다.

영혼과 마음의 연결, 그리고 영혼과 몸의 연결은 지상에서의 가장 의미 깊은 경험인데 그 세 가지를 전부 영적으로 승화시켜 그리스도 안에서 하나로 만든다면 '경지에 도달한 사람(master)'이 되는 것이다. 이것이야말로 우리의 특권이다.

## 물질세계에서의 영혼의 작용

우리 영혼의 운명을 만들어내는 것은 지식도 아니고 이해도 아니다. 우리 앞에 주어진 기회를 어떻게 활용하는가 하는 것이 영혼의 운명을 만드는 것이다. 신은 법칙을 정해서 우리의 영혼을 시간과 공간의 바다에서 떠다니게 하는 것이 아니다. 오히려 우리에게는 반드시 해야 할 무엇인가가 있고, '아버지'는 언제나 함께 계시며 우리를 지탱해 주고 계신 것이다. 뿐만 아니라 신은 우리와 지성소(the holy of holies)에서 만날 것을 약속하셨다. 신이 하신 약속은 틀림이 없다.

그렇다면 우리 내면의 신성(神性)을 드러내는 데 충실한 사람이 되자. 우리가 믿어온 분이 어떤 분인지를 공언할 수 있는 사람이 되자. 그리고 우리가 모든 경험 속에서 주를 위해 최선을 다해 온 것을 주께서 지켜주신다는 사실을 인식하자. 물질계에서 우리에게 활동할 것을 촉구하는 정신은 영혼 안에 나타나며, 타인에 대한 우리의 태도로써 드러난다. 그렇기 때문에 한편으로는 형제를 미워하면서 다른 한편으로는 신을 사랑할 수는 없다. 신을 숭배하면서 형제에 대해서 악의를 품을 수는 없는 법이다. 왜냐하면 그것들은 하나의 '힘'이며, 유일한 자의 법칙은 완전하기 때문이다.

영적으로 씨앗을 뿌리면 우리의 마음이 영적인 가치로 거두어들일 수 있는 것을 만들어낸다. 물질적으로 씨앗을 뿌리면 우리의 마음은 그에 상응하는 것을 만들어낸다. 우리는 이상을 영적 차원에 두어야 한다. 그리고 우리가 이웃을 재는 바로 그 저울로써 우리 자신도 측량 당한다는 사실을 알아야 한다.

우리가 형제자매에게 준 것처럼 자기 자신이 받을 날이 왔을 때 자신의 얼굴을 부끄러움 없이 똑바로 바라볼 수 있도록 평소부터 이웃에 대해서 올바르게 행동하자. 왜냐하면 우리는 언젠가는 자기 자신과 마주해야 하기 때문이다.

성실한 태도를 유지하고 목표를 하나로 일치시키자. 자기 자신에 대해 성실하고, 또 무엇보다 이웃에 대해 성실하다면 우리는 신 앞에 부름을 받아도 두려워할 것이 아무것도 없다.

우리의 기도는 다음과 같은 것이어야 한다.

"오오 주여, 아들을 대하는 당신의 방법은 성스럽습니다. 오오 신이시여, 마음과 몸과 영혼에 있어서 저희는 당신의 것입니다! 저희를 깨끗이 하시고 당신과 하나가 되게 하소서. 당신이 저희에게 주시는 힘으로, 바라건대 당신이 그 아들들에게 보이시는 아름다움과 사랑을 사람들에게 알릴 수 있기를."

우리는 자신에 대한 척도와 친구나 친지, 주위 사람들에 대한 척도가 다르지는 않은지? 주에게 있어서는 모든 사람들이 하나이다. 우리가 평안과 자비와 은혜를 바란다면 우리 스스로 그것들을 사람들에게 보여야 한다. 왜냐하면 그렇게 함으로써 우리는 우리 안에 있는 신을 알게 되기 때문이다.

타인을 따돌리기 위해서, 혹은 타인을 지배하기 위해서 지식을 사용한다면 우리 영혼의 운명은 대체 어떻게 되겠는가?

주는 이렇게 말씀하셨다. '누구든지 너희가 그리스도에게 속한 자라 하여 물 한 그릇이라도 주면 그가 결코 상을 잃지 않으리라.' 마가복음 9:41

영혼에 있어서 최대의 성장은 영웅적인 행위나 부나 명성, 높은 지위에 있지 않다. 오히려 영혼의 성장은 한 걸음 한 걸음, 교훈에 교훈을 더하듯 여기서 조금, 저기서 조금, 길 위에서 보이는 친절이나 사랑, 인내에 의해서 찾아오는 것이다. 이러한 영적 성장이 우리의 영혼으로 하여금 지상에서 살아가는 목적을 올바르게 가르치고 이해하게 해준다.

이 사실을 이해한다면, 우리가 행하는 일이 다른 사람들에게 선행이 되지 않는 한 우리의 계획은 언젠가 반드시 실패하게 된다는 사실을 납득하게 될 것이다. 우리의 활동이 일부 사람들뿐만 아니라 많은 사람들을 돕는 것이 아니라면 우리의 활동은 우리 자신에게, 그리고 다른 사람들에게도 거의 이익이 되지 않는다. 왜냐하면 선을 행해야 한다는 사실을 알면서도 그것을 행하지 않는 사람에게 있어서 그 지식은 악이기 때문이다. 모르고 악을 행한 사람에게는 '아버지'가 도움을 주실지도 모른다. 그러나 나쁜 짓인 줄 알면서 나쁜 짓을 한 사람에게는 그 행위가 파멸만을 가져다줄 뿐이다.

우리의 영혼은 반드시 자신과 또다시 대면할 것이고, 그리고 지상에서 어떤 활동을 했는지 변명해야만 된다. 육체적으로 행한 일은 육체가 만나고, 정신적으로 행한 일은 정신이 만나고, 영적으로 행한 일은 영이 만난다. '사람이 무엇으로 심든지 그대로 거두리라' 갈라디아서 6:7는 말씀대로이다.

선을 행해야 한다는 사실을 알고, 그래서 선행을 할 때, 우리의 인생은 깊은 의미를 가지게 된다. 결국 그것은 어떤 사람이 자신을 모질게 대한다 할지라도 우리는 그 사람을 부드럽게 대하는 것이며, 설령 남은 진실하지 않다 할지라도 자신은 진실한 것이며, 타인이 자신에 대해 인내를 잃는다 할지라도 자신은 끝까지 참는 것에 다름 아니다. 우리가 주의 곁에 있다면 대체 누가 우리를 적으로 삼을 수 있겠는가?*

우리는 자신이 만들어 온 것에서 자기 자신을 만난다. 그러니 우리가 가지고 있는 것을 사용하여 선을 행하기로 하자. 우리의 인생에 변화가 필요하다면 그러한 상황이나 경험은 저절로 찾아온다. 우리에게 준비만 되어 있다면 자신의 지식을 활용할 때와 장소는 저절로 찾아온다. 이것이 법칙이자, 그것이 신의 사랑이다.**

---

\* 리딩 696-3
\*\* 리딩 991-1

## 마무리

우리가 목표로 하는 영적 성장이란 우리가 경험하는 '창조적 활동'으로서의 신과 하나가 되기를 더욱 강하게 바라는 것을 의미한다. 인생의 어떠한 순간이든 우리가 일을 통해서, 생각을 통해서, 매일매일의 삶을 통해서 거기에 스스로의 영혼을 표현할 때 우리는 '창조력'을 물질세계에 나타내기 위한 수로가 되는 것이다. 우리를 통해서 마침내 신이 표현되는 것, 그것이 바로 성장의 참된 모습이자 우리가 태어난 목적이다.

우리 영혼의 숙명은 영혼을 존재하게 한 신 안에 있다. 그것은 우리가 신이라고 부르는 '창조력'에 대해 우리의 영혼이 더욱 잘 알게 되는 것이며, 언젠가 그것과 하나가 되는 것이다. 기회를 어떻게 쓰느냐에 따라 실망, 혼란, 다툼을 일으키기도 하고, 그와 정반대의 결과를 낳기도 한다.

신께서는 우리를 어떤 식으로 판단하실까? 우리가 사람들에게 보여준 자비와 똑같은 자비로써 우리를 대하신다. 우리의 숙명을 확실한 것으로 만들어 주시는 우리의 맏형 그리스도에 대해서 우리는 무엇을 행해야 할까? 그리스도는 우리에게 훨씬 더 훌륭한 길을 보여주셨다. 즉, 영웅적인 행위에 의한 것도 아니고, 지식이나 힘의 고양에 의한 것도 아닌, 영의 다정함으로-사랑, 배려, 평안, 참음, 인내로- 성장의 길을 보이신 것이다. 예수가 보이신 것처럼 우리는 이것들을 날마다 이웃들과의 사귐 속에서 실현해야 한다. 우리를 신의 사랑에서 떼어놓을 수 있는 것은 하늘에도, 땅에도, 지옥에조차도 존재하지 않는다. 단지 자기 자신이 멀어지는 것일 뿐이다.*

  자기 자신이나 자신의 능력, 자신의 힘, 자신의 세속적인 즐거움은 배려와 인내 속에서 잃어버려야만 한다. 왜냐하면 우리는 인내에 의해서만 자신의 영혼을 자각하기 때문이다. 자신이라는 존재를 주 안에서 잃어버릴 때 우리의 개성은 우리 주의 개성에 의해 움직임으로써 빛나기 시작한다. 따라서 한 사람 한 사람에게 각자 주어진 영혼과 그 숙명은 사람이 영생(永生)을 알 수 있도록 이 세상에 스스로를 바치신 주의 손에 있는 것이다.

  주는 이렇게 말씀하셨다. 만약 우리가 '아버지' 안에 있다면 '지구의 초석이 놓였을 때부터의, 이 세계의 초석이 놓였을 때부터의 일을 너희 기억에 가져다주겠다. 내가 있는 곳에 너희가 있을 수 있도록 하기 위해. 신에 대한 너의 영광이, 또 나의 영광에 대한 너의 영광이, 물질적인 마음으로밖에 보지 못하는 사람들의 이해를 넘어선 그 일체성을 네게 실현할 것이다.'**

    대담하게 일어서는 모든 자가 주를 뵐 날이 곧 올 것이다.
    그리고 정의의 밧줄을 몸에 감는 자는 평안 속에서 쉴 것

---

\* 리딩 849-11, A-1
\*\* 리딩 849-11

이다.

커다란 고통을 지나온 자는 더 이상 두려워하지 않는다.

영광의 왕이 축복받은 사람들의 머리 위에 관을 씌우실 것이니.

그리고 커다란 기쁨이 하늘과 땅을 채울 것이다.

왜냐하면 더는 죽음이 없으니.

여덟 번째 가르침

# 영광
## Glory

"그로 말미암은 이가 많은 아들들을 이끌어 영광에 들어가게 하시는 일에 그들의 구원의 창시자를 고난을 통하여 온전하게 하심이 합당하도다. 거룩하게 하시는 이와 거룩하게 함을 입은 자들이 다 한 근원에서 난지라."
– 히브리서 2:10-11

## 기도의 말

오오 신이시여,
당신이 저를 위해서 준비해 주신 영광에
제가 눈뜨도록 해주소서.

여덟 번째 가르침
# 영광

## 시작하며

신이 준비해 주신 '영광'을 생각할 때 우리는 종종 그 상태에 대해 착각을 하고 '영광'에 대해서 잘못된 이해를 하기 쉽다. 영광이란 남에게 봉사하는 능력을 말하는 것이며, 그 기회를 주시는 것은 신이다. '영광'이라는 것을 특별한 임무를 위해서 신에 의해 선택받은 것이라고 생각하면 허영심이 마음속으로 스며들게 된다. 신은 차별 없이 모든 사람들을 봉사에 부르신다. 사람에게 봉사하는 우리의 능력은 주의 영광이 지상에 나타나기 위한 수로로써 협력하는 것에서 시작된다.

따라서 영광은 우리가 이웃과의 관계 속에서 살펴보아야 한다.

영광은 우리의 모든 경험에 있어서 '창조력'이 지상에 나타나는 것을 의미한다. 부름을 받은 바 그 의무를 다하기를 바란다면 우리는 영광과 지식과 지혜를 주 안에서 구해야 한다. 왜냐하면 우리는 창조주의 영광에 비춰짐으로 해서만 영광을 받기 때문이다. 사람들에게 축복을 가져다주기 위한 수로가 됨으로써 창조주의 영광은 우리 위에서, 우리를 통해서 빛난다.

신은 여러 가지 모습으로 나타난다. 그러나 그 목적에 있어서 신은 어제도, 오늘도, 그리고 앞으로도 영원히 똑같다. 우리도 우리의 영적 이상, 목적, 목표에 변함이 있어서는 안 된다. 우리의 활동 방법에는 여러 가지가 있다. 그러나 그 활동들은 언제나 우리의 영적 목적의 영광을 나타내는 것이 되어야 한다. 우리가 '아버지'와 하나임을 나타내는 것이어야만 한다. '사람이 나를 사랑하면 내 말을 지키리니 내 아버지께서 그를 사랑하실 것이요 우리가 그에게 가서 거처를 그와 함께 하리라'요한복음 14:23고 기록된 대로이다. 바로 이것이 영광이다.


## 마음의 영광

'그 마음의 생각이 어떠하면 그 위인도 그러한즉'잠언 23:7이라고 기록되어 있다. 우리의 마음이 생명과 빛을 주신 신에 머물러 있지 않으면 우리는 영광을 찾아서 오로지 그림자만을 좇게 된다. 마음은 언제나 '창조자'이다. 당신을 온전히 바치신 주를 이상으로 삼고 마음을 그 주에 굳게 놓는다면 마음은 지식과 지혜를 더해 우리를 보다 커다란 기회에 적합한 사람으로 만들어 준다. 여기서 우리는 (자신의 영광을 위해서가 아니라 신의 영광을 위해서) 사람들에게 봉사하는 영광을 찾게 될 것이다. 어떠한 때에라도 살아 계신 신의 손 안에 있으며, 아무리 어려운 상황에 처한다 할지라도 결국에는 반드시 옳은 방식으로 해결된다는 사실을 확신할 수 있다는 것은 참으로 영광이 가득한 일이다.

그것을 실현하려면 우리의 이상은 인생의 단순한 물질적 차원을 초월한 것이어야만 한다. 땅에 속한 일은 언젠가 녹슬고 부패한다. 그러나 생명과 진리의 영 위에 놓여진 이상은 은혜와 평안과 조화의 어좌를 붙들고 떠나지 않으며 인내와 동포애에 대한 우리의 이해를 더욱 깊게 해준다.

이론만 있을 뿐 비현실적인 것에는 거의 가치가 없다. '너희의 선한 것이 비방을 받지 않게 하라'는 말을 종종 듣는다. 우리가 주장하는 것과 우리의 삶이 상반될 때 그와 같은 상태를 초래하게 된다. 우리는 종종 자신이 믿고 있는 것을 공공연하게 말하면서도 그것과는 다른 행동을 하는 경우가 있다. 그 같은 행동은 걸림돌이 되어

---

* 로마서 14:16 참조.

버린다. 비슷한 것끼리 끌어당기는 것, 이것이 법칙이다.

'너를 육체적으로 깨끗이 하라. 옛 규율에 정해져 있는 것처럼 네 육체를 신성하게 하라. 왜냐하면 너의 신이 내일이라도 너와 함께 말씀을 나누실지 모르기 때문이다!'<sup>리딩 281-13</sup>

이와 같은 약속을 우리는 어떻게 해석하고 이해하면 좋을까? 만약 이 약속을 믿는다면 우리는 이 약속에 대해 무엇인가를 해야 할 것이다. 왜냐하면 우리가 스스로의 신념을 공표했다고 해서 무엇인가가 달성되는 것은 아니기 때문이다. 동포에 대한 실제적이고도 도움이 되는 봉사를 위해 우리가 쓰이기를 열심히 바람으로써 우리는 무엇인가를 달성하는 것이다.

여로보암이 제단에 이집트인의 백단목을 바쳤을 때, 그는 이스라엘 자손들에게 죄를 범하게 했다.* 주의 '영광'을 위해서 제물을 바쳐야 할 때에 여로보암은 자신의 욕망을 자극하는 일을 한 것이다.** 우리도 자신의 영광을 위해 사람들의 칭찬을 얻기 위해 주에게 제물을 바치면 그것은 우리에게 파멸을 가져다줄 뿐이다.

자신을 칭찬하기 위한 영광을 버리고 신의 영광을 몸에 두를 때 우리를 둘러싼 상황과 상태는 더 이상 걸림돌이 아니라 우리를 성장시키는 디딤돌이 된다.

태초에 자기 탐닉, 자기 과시, 자기 찬미로 길을 잘못 든 영혼에게

---

\* 열왕기상
\*\* 리딩 274-10

있어서 이 세상은 학교와도 같다. 실제로 이 세상은 은혜로 가득한 체험의 장이다. 설령 우리의 인생에 혼란과 다툼, 반목, 고난이 생긴다 할지라도 우리는 자신을 정화하기 위한 기회를 받아, 큰아들에 의해서 영광을 받으신 '아버지'가 사람들 사이에 나타나시기 위한 수로가 될 수 있는 것이다.

우리는 타인에 대해서 품는 미움이나 악감정이 다름 아닌 자기 자신의 육체에 매우 파괴적인 영향을 준다는 사실을 분명히 인식해야 한다. 우리의 삶의 자세나 자신이 '이상'으로 삼는 것을 어떤 식으로 추구하는지가 우리 육체의 일까지도 크게 좌우한다. 마음은 우리의 정신체, 육체, 영체 모두에 속해 있으며 마음에는 창조력과 마찬가지로 파괴의 힘도 갖추어져 있다.

자신의 마음속에 어떠한 형태로든 자신을 방해하는 태도를 만들어내면 그것은 서서히 장애가 되어 자기 자신의 마음과 몸의 원활한 작용을 제한하게 된다. 자기 마음의 깊은 곳에 '우리 앞에는 선과 악, 생과 사가 준비되어 있다.\* 그것을 선택하는 것은 우리 자신이다'\*\*라고 말한 옛 교훈을 분명히 받아들이도록 하자.

---

\* 신명기 30:19 참조.
\*\* 리딩 815-3 참조.

## 육체의 영광

육체의 유일한 목적은 영혼의 '집'이 되는 것이다. 우리는 이 사실을 잊어서는 안 된다. 우리의 마음은 이 육체를 통해 자신을 물질계에 표현하고 있다.

우리가 도움과 사랑과 인내와 친절을 행동으로 나타내는 한, 우리 육체의 행위는 '창조 에너지'와 하나이다. 그러나 이기적인 소망을 만족시키고, 자신이 칭찬받기를 원하면 우리는 불안과 의심을 가져다주는 부정적인 힘과 하나가 된다. 어떠한 경험에 있어서든, 우리가 살아 계신 신에 의한 영의 열매를 나타낼 때 우리는 성장하고 우리가 창조된 목적을 드러내는 것이다.

악이란 무엇일까?

악이란 좋은 것이 부정하게 쓰이는 것이며, 자신의 소망을 만족시키기 위해서 선(善)을 이용하는 것이다. 죄와 병도 마찬가지다. 우리가 육체에 있는 동안 신은 우리가 선의 세력이 되고, 사람들 사이에서 정의를 나타내기 위한 완전한 수로가 되는 것을 도우신다. 그러나 악이나 죄나 병은 우리가 그 신과 하나가 되어 있지 않기 때문에 일어나는 것이다. 따라서 육체의 영광이란 사심(私心)을 버리는 데 있다.

## 영혼의 영광

우리의 영혼은 신의 일부다. 우리가 어떠한 의식 영역에서 활동하고 경험하든 그 활동을 행하게 하는 것은 영혼이다. 우리의 영혼은 그것 자체가 하나의 우주다. 의지는 영혼의 속성이며 우리는 의지에 따라 '보편적인 의식'과 부합되는 것을 선택하거나, 혹은 그와 대립하는 것을 선택한다.

지상에서 사람은 육체(body), 마음(mind), 영혼(soul)이라는 세 가지 양상을 경험한다. 각각은 지식(마음)과 해석(영혼), 그리고 적용(육체)이라는 3중 구조로서 그 역할을 한다. 이들 세 가지는 통합되어 작용하며 서로에게 의존한다. 개인적인 이익을 생각하지 않는 봉사를 통해 영혼은 크게 성장한다. '너희 중에 큰 자는 너희를 섬기는 자가 되어야 하리라' 마태복음 23:11는 말씀대로이다.

육체(physical body), 정신체(mental body), 영체(spiritual body)는 각자의 경험을 바탕으로 육체로 들어온 목적에 맞게 자신을 표현해야 한다.

우리가 한편으로는 물질적 욕구나 정신적, 영적 욕구에 끌리면서도 다른 한편으로는 자신 내면의 깊은 곳에 있는 무엇인가에 의해 항상 나아갈 것을 촉구 받는 것은 어째서일까? 장애물과 싸우면서도 포기하지 않고 앞으로 나아가야 한다는 사실을 우리에게 깨닫게 하는 것은 대체 무엇일까? 자기 내면으로부터 자극을 받아 아무런 물질적인 이익도 없는 일에 몰두하는 우리는 어리석은 자일까? 포기하지 않고 계속하는 것은 어째서일까? 사태를 되어가는 형편대로 내버려두지 않으려 하는 것은 어째서일까? 어차피 최종적으로 얻을 수 있는 물질적 결과는 마찬가지 아닐까?

종종 이러한 질문들이 우리 자신 안에서 갈등을 겪곤 한다. 우리의 내면에는 언제나 그 답이 존재한다. 최종적인 물질적 결과는 같을지도 모른다. 하지만 영혼에 대한 그 영향도 같을까?

당신은 그리스도의 영에게 인도받기를 원하고 있는가? 영원불변한 그 '말씀'의 일부가 되기를 바라고 있는가? 만약 그렇다면 그것을 실행하는 것이 도저히 현실적이라고는 여겨지지 않을 때조차 내면의 촉구에 따라 '전진'하는 것은 참으로 옳은 일이다.

주는 이렇게 말씀하셨다. 육체를 파괴하는 것을 두려워할 필요는 없다. 오히려 영과 혼을 파괴하는 것을 두려워하라고. 설령 물질적인 것들이 전부 사라진다 할지라도 만약 우리 안에 그 촉구가 있다면 어떠한 물질적 현상에서도 발견할 수 없는 위대한 영광에 우리는 접하고 있는 것이다.

## 마무리

우리는 이웃을 대할 때, 우리가 마음속으로 알고 있는 주의 법칙이 우리의 삶을 지배하도록 하자. 영혼의 마음, 정신의 마음, 육체의 마음이 각각 성장함으로 해서 우리 인생에 주의 영광이 찾아오는 것을 이해할 수 있게 된다.

우리가 자신을 이웃에 대한 봉사에 바칠 때 신은 우리의 육체라는 성스러운 신전에서 우리와 만나 주실 것을 약속하셨다. 그렇게 함으로써 우리는 신의 영광을 물질세계에 나타내는 것이다. 사람의 평가나 평판이 아닌 '아버지'와 '아들'의 영광에 스스로 만족하도록 하자. 왜냐하면 사람은 겉모습에 따라 판단하지만 신은 그 마음을 보시기 때문이다.사무엘상 16:7

주여, 부디 저를 인도하시어 당신이 제 안에서 나타내신 것으로 인해 당신의 이름, 당신의 영광이 더욱 칭송받기를. 바라건대 지상에서 당신 자신의 것으로써 ─하루하루 기회가 주어질 때마다─ 저의 손, 저의 마음, 저의 몸으로 하여금 당신이 제게 구하시는 일을 행하게 하소서. 당신이 아들을 통해서 하신 약속을 당신의 사랑으로 제가 나타냄으로 해서 당신의 영광이 더욱 사람들에게 알려지기를 바랍니다.

아홉 번째 가르침

# 지식
Knowledge

"이는 물이 바다를 덮음 같이
여호와의 영광을 인정하는 것이 세상에 가득하리라."
- 하박국 2:14

## 기도의 말

주의 지식이 남김없이
저의 전 존재에 전해져,
동포에 대한 저의 모습에서
자아를 더욱 잃어
마침내는 신께서 나타나시기를.
주의 이름으로 모든 사람들 속에,
모든 사람을 통해서, 그리스도가 계시기 때문입니다.

**아홉 번째 가르침**
# 지식

## 시작하며

인간은 지식을 원했기 때문에 육적(肉的)인 존재에 얽매이게 되었다. "네가 어디 있느냐"고 신이 부르셨을 때 아담은 자신이 신에게서 받은 창조적인 사고력을 잘못 사용했다는 사실을 깨달았다. 그후부터 두려움과 의심이 사람의 마음에 새겨지게 되었다.

인류에게 처음으로 주어진 금지 명령은 '선악을 알게 하는 나무의 열매는 먹지 말라. 네가 먹는 날에는 반드시 죽으리라'창세기 2:17는 계율이었다. 아담은 자신의 나약함 때문에 스스로에게 고뇌와 노고와 오해를 가져다주는 것을 선택하고 말았다. 왜냐하면 사람은 선(善)의 지식을 구하지 않고 오히려 신에게서 받은 창조적인 상념의 힘을 이기적으로 사용할 것을 선택해 버렸기 때문이다. 그것이 인류에게 혼란과 파괴와 죽음을 가져다주었다. 영적 존재인 인간은 오늘도 여전히 물건을 자신의 손에 쥐고는 손 안에 있는 물건에 대한 지식을 과시하며 창조주의 눈에는 어리석게 보이는 일을 되풀이 하고 있다. 그 물건들이 예전부터 계속 존재해 있었다는 사실도 모르는 채.

참된 지식이란 무엇일까? 이웃을 대함에 있어서 자신의 모습을 더욱 지우고, 그렇게 함으로써 마침내는 신의 영광이 나타나기를 바랄 때 우리는 지식을 가지고 있다고 말할 수 있다. 왜냐하면 사람이 자신을 드러내려 하면 할수록 보다 완전한 길을 아는 것을 방해하기 때문이다.

참된 지식은 신에게서 떨어진 곳에는 존재하지 않는다. 참된 지식은 신에게서 온다. 이 세상의 고뇌와 걱정거리에 짓눌린 사람들에 대해, 그들의 일을 걱정해주고 이해해주고 그 무거운 짐을 앞장서서 받아주려 하는, 그와 같은 정신을 우리가 매일 발휘할 때 이웃에 대한 사심없는 행위 속에 참된 지식이 나타난다. 그리스도를 위해서 괴로움에 빠진 사람을 앞장서서 돕고 굶주린 사람들에게 먹을 것을 주는 것, 이것이 참된 지식이다. 지금 이 세상은 이 지식을 찾아서 부르짖고 있다.

지식은 우주의 법칙과 조화를 이루며 살아가는 것을 가능하게 하는 능력이다. 우리가 헌신적이고, 미움이나 경멸을 낳는 사소한 잘못을 극복하고, 이웃에게 상처를 주는 언행을 자신 안에서 제거함으로써 이 지식을 손에 넣을 수 있는 것이다. '용서'가 지식이라는 사실을, '친절'이 지식이라는 사실을, 이기적인 세상 한가운데서 '이타심'이 지식이라는 사실을 우리는 이해하고 있을까? 이러한 것들을 실현하는 데 필요한 것은 어떤 한 가지 법칙을 이해하는 것뿐이다. 그 법칙이란 바로 '사랑'이다.

## 지식은 신에게서 온다

신은 '빛'이며, 신 안에는 어떠한 어둠도 존재하지 않는다. '아버지'는 우리가 행하는 일로써 우리를 가늠하신다. 적격자로서 신에게 인정받기 위해 노력하고, 스스로의 성실함과 열의를 증명해주는 것을 부끄러워하지 않고 바칠 수 있는 근면한 자가 되려 한다면 우리는 빛 속에서 살고 있는 것이다.

'지식의 창조자'인 신은 또한 모든 일의 최종적이고 또 가장 높은 심판자이다. 우리가 동포를 심판하려 한다면 우리는 불손하게도 주의 영역을 침범하는 것이다.

'누가 여호와의 영을 지도하였으며 그의 모사가 되어 그를 가르쳤으랴. 그가 누구와 더불어 의논하셨으며 누가 그를 교훈하였으며 그에게 정의의 길로 가르쳤으며 지식을 가르쳤으며 통달의 도를 보여 주었느냐'이사야 40:13-14라고 기록된 대로이다.

## 지식은 힘이다

지식은 힘이다. 그러나 그 힘도 건설적인 방향으로 쓰이지 않으면 악을 가져다주는 영향력이 된다. 그렇기 때문에 신의 뜻을 실현하기 위한 수로가 되기를 바라는 마음에 더욱 민감해져야 한다. 세속적 지식은 사람이 만들어 낸 것이다. 신의 지식은 독단이나, 사람이 만들어 낸 신념에 우리를 얽매지 않는다.

이 세상의 지식은 많은 사람들을 나약하게 만들고 많은 사람들을 헛딛게 만든다. 우리는 옛날부터 전해 온 관습이나 나쁜 마음, 미움을 자신 속에서 전부 지워버렸을까? 우리는 약한 사람에게 용기를 주고 좌절한 사람에게 힘을 주고 있을까? 그와 같은 행동으로 인해서 신에 대한, 신의 방법에 대한 보다 완전한 지식을 얻을 수 있다는 사실을 우리는 알고 있을까?

지식을 그처럼 활용함으로써 우리는 자기 자신을 이해하고, 타인과의 관계 속에서, 또 신에 대한 관계 속에서 자신에 대한 인식의 깊이를 더해 가는 것이다.

'협력'이라는 과에서 우리는 '모든 면에서 올바로 살아가는 법칙을 이해하는 것이 우리의 마음을 창조력(Creative Force)에 동조시킨다"고 배웠다. 이것이야말로 주의 의식 안에 있는 것이다. 이들 법칙의 가장 앞에 오는 것 중 하나가 '자신을 알아야 한다'는 법칙이다. '자신을 알자'에서는 우리의 존재를 구성하는 육체에 대해서 배웠다. 그리고 이번에 배우는 '지식'에서는 우주와의 관계에 있어서의 육체를 살펴보아야 한다. 소화, 흡수, 조직의 재생과 같은 작업을 쉴 새 없이 계속하고 있는 장기의 작용에 대해 우리는 알아두어야 한다. 그러나 그 이상으로 영적 중추를 통해서 작용하고 있는 창조적 힘에 대해서 알아두는 것도 중요하다. 그와 같은 지식은 힘이다. 왜냐하면 생명은 어떻게 해서 새로워지는지, 다른 사람과 어떤 관계로 살아야 하는지, 이러한 것들을 우리의 지식이 가르쳐주지 않는다면 우리는 스스로의 숙명을 완수할 수 없기 때문이다.

## 자신에 대한 해석

영적인 힘을 탐구하는 동안 우리는 다른 세계에 대해 알기 전에 먼저 자신의 내면세계에 대해서 알아야 한다는 사실을 깨닫게 된다. 육체로서의 인간은 땅에 속한다. 한편 무한한 마음을 가진 영혼은 우주에 속한다. 영혼은 육체를 입는 것을 선택하고 그로 인해 신

---

* 에드거 케이시 저 〈신을 찾아서〉 제1장 '협력' 참조.

의 속성을 가진 마음은 물질계 속에서 자신을 나타낼 수단을 얻게 된다.

따라서 우리가 좋은 이웃, 좋은 부모, 좋은 친구가 되기를 바란다면 자신에 대해 아는 것이 최우선 과제가 된다. 다시 말해, 자신의 내면을 살펴 '길'이신 주의 길을 걷는 데 도움이 되는 지식이 있는지, 자신과 마찬가지로 신의 형상대로 만들어진 다른 사람들에게 봉사하는 것을 돕는 지식이 있는지를 확인해야 한다는 뜻이다.

마음은 논리적으로 생각할 능력을 가지고 있다. 우리의 마음은 편의상 현재의식(conscious), 잠재의식(subconscious), 초의식(superconscious) 세 가지 영역으로 나누어 생각해볼 수 있다. 그런데 잠재의식과 초의식을 혼동해서는 안 된다. 잠재의식은 우리의 현재의식의 연장선상에 있는데, 거기에는 우리의 과거 행동의 패턴을 포함한 여러 가지 기억이 저장되어 있다. 반면 영혼의 의식인 초의식은 이 잠재의식을 통해 현재의식에 작용하며 영향을 준다. 창조력은 이와 같은 마음을 통해서 활동한다. 그것은 단지 육체의 장기(臟器)를 움직이게 하기 위해 작용하는 경우도 있고, 이 세상의 왕국을 추구하며 작용하는 경우도 있다. 또한 신에게로 돌아가는 길을 찾는 영혼 안에서 작용하는 경우도 있다. 육체가 살아계신 신의 신전임을 자각할 수 있는 것은 이 영혼의 의식에 의한 것이다.

우리를 창조주로부터 멀어지게 하는 활동도, 창조주에게 다가가게 하는 활동도 우리 자신이 의지력으로 선택하는 것이다. 의지는 잠재의식과 초의식, 양쪽에 걸쳐 작용한다. 잠재의식에서 의지가 발휘되면 현상을 귀납적이거나 연역적으로 생각하는 힘을 가져다 준다. 한편 초의식에서 의지가 발휘되면 그것은 이 세상의 지식을 초월한, 신에게 알려진 대로의 자신을 아는 힘이 된다.

마지막으로 자신의 영적 본성에 대해서 간단히 살펴보자. 신을 탐구하는 자는 우선 신이 존재한다는 사실을 믿어야만 된다. 예수는 신의 나라가 우리 자신 안에 있다고 가르치셨다.누가복음 17:21 우리 한 사람 한 사람 속에 있는 신의 불꽃이 적을 사랑하는 것을 가능하게 하고, 우리를 박해하는 자에게 선을 행하고, 우리를 가혹하게 대하는 자들을 위해 기도할 수 있게 하는 것이다. 우리는 자기 혼자서는 아무것도 할 수 없다. 그러나 신과 함께 있다면 우리는 무슨 일이든 할 수 있다.

신에 의해 만들어진 우리의 영혼은 언제나 신의 영광을 찬송하기를 바라고 있다. 때로는 어둠 속으로 나아가 실족하거나 넘어지는 경우도 있지만 그래도 고통을 통해 성장하고 자기 영혼의 목적을 이해하고 마침내는 '아버지'의 뜻이 행해지기 위한 수로가 됨으로써 자신의 영혼의 목적을 나타내게 된다.

우리는 틀림없이, 신 안에서 자신을 놓음으로 해서 더할 나위 없는 행복을 누리는 것을 두려워해 온 것이다. 어떤 일이 거의 완벽한 상태에 있다 할지라도 우리는 항상 그것은 결코 영원히 계속되지 않으며, 언젠가 무엇인가가 그것을 엉망으로 만들 것이라고 생각하고 있다. 우리는 그런 식으로 생각해서는 안 된다. 이 세상의 번거로운 일이나 시련이 우리 주위에 있을지도 모른다. 그러나 '네가 어디에 있느냐'는 질문을 받으면 우리는 바로 '주여, 여기에 있나이다. 저를 써 주십시오'라고 대답할 수 있어야 한다.

자기 자신을 분석해 나감에 있어서 우리는 종종 의심을 품게 된다. 자신이 믿고 있는 것이 옳은 것일까? 자신은 정말 신을 알고 있는 것일까? 다른 사람에게 전할 수 있을 만큼 신에 대한 지식을 가지고 있는 것일까?

거기에 대해서는 이렇게 답할 수 있다. 신을 알려면 우리는 신을 체험할 수밖에 없다. 그리고 우리가 신을 체험해 나감에 따라 다른 사람을 인도하는 자가 되는 것이다. 우리에게 있어서 이것이 모든 문제에 대한 해답이 되어야만 한다.

### 지식의 활용

우리가 태초에 가지고 있던 지식, 신의 지식은 우리 인생의 모든 면에서 필요하다. 상대방이 어떤 이유에서 그 같은 행동을 했는지 그 동기를 알고 있었더라면, 이웃과의 생활에서 일어났던 불쾌한 경험의 원인을 알고 있었더라면, 혹은 까다로운 친구가 겪고 있는

가혹한 시련에 대해 알고 있었더라면 우리의 태도는 얼마나 달랐을 것인가!

친절하다는 것은 상황을 살펴서 행동한다는 것이다. 자신의 역할에 실패했을 때 자신을 이해해준 사람을 우리는 결코 잊지 못한다. 그 사람은 우리에게 참으로 주 예수와 같았다! 친절하고도 소박한 행위이지만 그것은 거기에 신의 지식을 나타낼 수 있을 만큼 위대한 행위이다.

교육은 (지식에 이르기 위한) 단순한 방법, 길에 지나지 않는다. 방법이나 길을 네가 알고 있는 사실을 행하는 것과 혼동해서는 안 된다! '좀 더 적당한 때가 왔다면'이라거나 '좀 더 큰 이해를 달성하면 나는 이러이러한 일을 하겠다'고 생각해서는 안 된다. 지식이나 이해란 네가 지금 가지고 있는 것을 사용하는 것이다. 너 자신의 지식을 쌓는 것이 아니다. 모든 희망, 힘, 신뢰, 신앙, 지식, 이해는 주 안에 있다. 네가 알고 있는 것을 주가 네게 행하도록 하시는 것처럼 네가 이해한 것을 오늘 행하라! 내일 일은 그날이 되면 네게 제시될 것이다. 주가 말씀하신 것처럼 너는 오늘 주를 알게 될지도 모르기 때문이다. 네가 지금 마음을, 정신을 연다면 이해와 지식이 찾아올 것이다! 리딩 262-89

개인에게 적용할 수 있는 것은 그룹에도 적용할 수 있다. 그것은 이스트처럼 전체를 부풀어 오르게 한다. 그룹 안에는 의견이나 생각이나 해석의 차이도 있을 것이다. 서로의 성장 단계도 다르다. 만약 그러한 차이로 인해 서로를 판단하는 일이 있다면 우리는 아직 참된 지식을 얻지 못한 것이다. 자신의 생각에 집착하여 그리스도의 영에 의해서 인도받기를 바라지 않는 사람들에게만 주의 길은 험난한 것이 된다.

지식은 국가적인 일에도 적용되어야 한다. 세계대전은 민주주의 세계를 안전하게 만들어 주었을까? 어째서 그렇게 되지 않았던 것일까? 그것은 의심의 여지도 없이 이 세상의 지식에 뛰어난 사람들이 군대와 병기와 병력이야말로 이상적인 국가를 만드는 데 필요한 것이라고 믿고, 확신을 갖고 있었기 때문이다.

우리들 국가는 배우지 않으면 안 된다. 평화와 만민의 평등이라는 원리는 무엇보다 먼저 개개인의 마음속에서 찾아야 한다는 사실을. 그러한 원리들은 우리 안에서부터 시작해야 한다. 우리 자신이 이기적인 인생을 살아가는 한, 타인들 마음속에 선을 강요할 수는 없다.

우리는 마음을 다해, 영혼을 다해, 생각을 다해 주이신 신을 사랑할 것을, 그리고 자기 자신처럼 이웃을 사랑할 것을 배워 왔다. 여기에 모든 영적 법칙의 기초가 있다. 안전은 진리인 영적 지식 위에 세워진다. 그 지식을 올바로 적용하면 국가 위에 속히 축복이 찾아오며, 그 지식을 오용하면 국가에 곧 혼란이 찾아온다.

우주의 법칙을 알면 창조의 목적을 한층 더 명확히 알 수 있다. 창조의 목적을 알지 못하면 우리는 존재 이유를 가질 수 없다. 지식의 오용은 개인뿐만 아니라 그룹이나 국가에도 해를 준다. 계속해서 지식을 잘못 사용하면 가치 있다고 여겨지던 것이 쇠퇴하고, 영적인 붕괴가 시작된다. 부를 숭배하는 천박한 사람들을 생각해보라. 자기 마음대로 법률을 왜곡하는 사람들을, 이웃나라에게 전쟁을 거는 국가를 생각해보라. 그러한 사람들이나 국가는 전부 언젠가는 뿌린 것을 거두어들이게 된다.

## 지식의 올바른 평가

우리는 인생에서 어떠한 경험을 가장 소중한 것이라고 여기고 있을까? 사랑하는 사람의 얼굴에 떠오르는 미소? 아니면 친구의 배려심 깊은 행동, 어려운 때의 친절, 일이 잘 풀리지 않았을 때 들은 격려의 말, 그러한 것들이 아닐까?

그와 같은 지식이 영적 성장을 가져다주는 것이다. 세속의 즐거움이나 육체의 기쁨은 일시적으로 우리를 들뜨게 하지만 그러한 것들은 곧 끝나 버리고 만다.

어려움에 빠졌을 때 듣는 배려심 가득한 말은 우리가 '신으로서의 자신(I Am)\*\*에 동조하는 것을 도울 뿐만 아니라 그 외의 사람들에게도 주의 임재를 깨닫게 하는 것이 된다. 우리 자신이 지식을 올바로 평가하고 그것을 현실에 적용할 책임을 간과해서는 안 된다. 우리는 자신들이 진실이라고 생각하는 것을 현실에서 실천하기 위해 노력해야 한다. 여러 가지 면에서 우리의 성실성이나 타인에 대한 배려를 의심할 때 문제나 불화가 일어나 우리 인생에 고민이 찾아온다.

우리는 끊임없이 자기 자신과 대면하고 있다. 다른 사람에게 실망을 준 적이 없다면 어찌 우리에게 실망하는 일이 일어나겠는가? 다른 사람에게 원한이나 악의를 품은 적이 없다면 어찌 다른 사람으로부터 매정하게 취급받는 일이 있겠는가?

우리는 뿌린 것을 거두는 법이다. 그것이 법칙이다. 하늘이 무너진다 할지라도 이 법칙이 어긋나는 일은 없다. 왜냐하면 비슷한 것끼리 끌어당기기 때문이다. 우리의 목적이 주 안에 있고 자기 자신 안에 없다면 지식은 우리에게 성공을 약속해 준다. 지식을 올바로

---

\* 출애굽기(3:14)에 의하면 모세가 80세 때 신은 신의 산인 호렙에 나타나 애굽(이집트)에서 이스라엘 백성을 탈출시킬 사명을 모세에게 준 것으로 되어 있다. 모세가 '제게 사명을 주신 분의 이름을 이스라엘 백성에게 무엇이라 설명하면 좋겠습니까?'라고 묻자 신은 'I AM THAT I AM 이라는 이름의 신이 주었다고 답하라'고 말씀하셨다. 에드거 케이시는 리딩을 통해 이 'I AM THAT I AM'에 대해 분명한 해석을 내렸다. 앞의 'I AM'은 자기 내면인 영을 나타내며 다음 'I AM'은 보다 커다란 영, 즉 신을 나타내는 것이다. 다시 말해 'I AM THAT I AM'은 신의 속성을 모두 반영한 자아를 의미한다. 또는 자신('I AM')이라는 개체이자 전체('THAT I AM')와 일체임을 의미하는 것이라고 여겨지기도 한다. 'I AM THAT I AM'이라는 신의 이름 속에 이미 자신('I AM')을 아는 것이 곧 신('THAT I AM')을 아는 길임이 나타나 있는 것이다.

쓴다면 영의 열매를 가져다줄 것이다.

사람은 자신의 이해력을 넘어서는 그 무엇도 이해할 수 없다. 이해는 미덕으로써 완전해지며, 미덕은 신에 속한 것이다.

우리는 미덕을 갖추고 있을까? 갖추고 있다면 우리는 다른 사람들 안에서 그리스도를 보고, 사랑과 배려와 평안으로 가득 차게 될 것이다. 우리는 다른 사람의 일을 통해서도 아닌, 신의 일을 하려 함도 아닌, 자기 자신의 일을 함으로써 자신에게 필요한 것을 손에 넣을 수가 있다. 우리는 이렇게 살아감으로 해서 충실한 인생을, 부족함이 없는 인생을 보낼 수 있는 것이다.


## 신의 임재에 대한 지식

우리는 '가만히 있어 내가 하나님 됨을 알지어다'<sup>시편 46:10</sup>라는 명령을 받았다.

우리는 기도할 때 단순히 말을 중얼거리만 하는 것은 아닌지? 우리는 곧게 뻗은 좁은 길에서 벗어나 자신의 삶에서 신을 버린 것은 아닐까? 그 때문에 고독을 느끼고 있는 것은 아닐까?

신이 문을 부수고 들이닥치는 경우는 없다. 신은 문 앞에 서서 두드리신다. 신은 지금도 여전히 발견할 수 있는 존재이며, 신과 함께라면 모든 일이 가능해진다. 왜냐하면 신의 임재는 우리 인생에 힘과 확신을 가져다주기 때문이다. 그러니 그리스도의 사랑으로 자신을 감싸고, 신이 우리와 함께 걸으시며 우리를 하루하루 지탱해 주시고 힘을 주신다는 사실을 알고 크게 찬송하도록 하자.

내일 일로 고민해서는 안 된다. 왜냐하면 각각의 시련, 각각의 어려움을 통해서 신의 임재가 우리의 힘이 되기 때문이다. 신은 그 천사를 보내셔서 우리를 지켜 주실 것을 약속하셨다.

우리는 자신이 공언한 것을 알고, 믿고, 실행하고, 신 안에 굳건히 서야 한다.

네가 얻은 것처럼, 네가 움직여진 것처럼, 네가 얻은 것을 적용하는 것처럼, 구하는 자에게 주라. 인내하라, 친절하라. 그 누구에게도 불친절한 말을 해서는 안 된다. 뜬소문이나 불친절한 말을, 생각에 있어서나 행위에 있어서도 네가 경험하게 해서는 안 된다. 그렇게 함으로써 아버지 안에 계신 그리스도가 네 곁에 계시다는 참된 지식을 발견하게 될 것이다.<sup>리딩 262-98</sup>

열 번째 가르침

# 지혜
Wisdom

"너희 중에 누구든지 지혜가 부족하거든 모든 사람에게 후히 주시고 꾸짖지 아니하시는 하나님께 구하라. 그리하면 주시리라."
– 야고보서 1:5

## 기도의 말

우리 아버지시여, 우리 신이시여,
사람들을 기르는 당신의 일에 우리가 도움이 되게 하소서.
바라건대 당신의 강인함, 당신의 힘,
당신의 지혜의 빛으로 우리를 인도하소서.
주의 이름으로 우리는 구하나이다.

열 번째 가르침
# 지혜

시작하며

지혜란 지식을 올바로 사용하는 능력이다. 그리스도의 삶을 하루하루 우리의 경험에 활용함으로써 지혜가 만들어진다.

이것은 멀리 있는 것이 아니다. 옛날 사람들처럼 우리가 지혜를 알 수 있겠는가, 하늘에서 명령을 가지고 내려올 사람은 어디 없는가, 그것을 듣고 이해할 수 있을까, 바다를 건너 와줄 사람은 없는가, 라고 물어서는 안 된다. 왜냐하면 보라, 지혜는 너 자신의 마음속에, 너 자신의 힘 안에, 그렇다,

너 자신의 능력 안에 있기 때문이다!*리딩 262-104

주를 경외하는 것은 지혜의 시작이다.** 실망을 두려워하고, 경쟁이나 투쟁을 두려워하는 것이 아니다. 왜냐하면 그러한 것들은 신에 속한 것이 아니기 때문이다. 주의 지혜는 그리스도가 되신 예수의 인생을 통해 우리에게 보여졌다. 따라서 만약 우리가 지혜를 가지려 한다면 우리는 '길'이신 그리스도 안에 머물러야 한다.

우리는 실망한 적이 있지 않은가? 자신이 바라던 일이나 소망이 이루어지지 않은 적이 있지 않은가? 그러나 그럼에도 불구하고 우리는 승리할 수 있는 자이다. 왜냐하면 우리는 주 안에 강인함과 힘과 능력을 가지고 있기 때문이다. '하나님을 사랑하는 자 곧 그의 뜻대로 부르심을 입은 자들에게는 모든 것이 합력하여 선을 이루느니라'로마서 8:28는 말을 되새기자.

우리의 주는 다음과 같이 가르치셨다. 네 오른편 뺨을 치는 자가 있거든 그에게 왼편도 돌려 대라고. 너를 고발하여 속옷을 가지려고 하는 자에게는 겉옷까지도 가지게 하라고. 누군가가 억지로 5리를 가자고 하면 함께 10리를 가라고.마태복음 5:39-41

이 가르침에 지혜가 있다. 왜냐하면 우리는 그렇게 함으로 해서 타인의 행위에 방해를 받지 않으며, 오히려 우리 형제가 신의 임재

---

\* 신명기 30:11-14 참조.
\*\* 잠언 1:7, 시편 14장 참조.

로 인해 축복받기 때문이다.

우리 안에 계신 신의 영에 의하지 않고는 적을 사랑할 수 없다. 우리는 마음속으로 '그것은 그럴듯한 가르침이다. 그러나 그것은 신의 아들이 가르친 일로 그는 우리가 갖지 않은 힘을 가지고 있지 않은가?'라고 반문하고 있지는 않은지? 우리는 그 독생자로부터 '볼지어다. 내가 세상 끝날까지 너희와 항상 함께 있으리라'<sup>마태복음 28:20</sup>는 약속을 받았다. 그리고 주 예수를 통해서 그가 하신 것 이상의 일을 할 수 있는 것이다.

그리스도의 이름으로 한 잔의 물을 베푸는 자가 그 보답을 받지 못하는 경우는 없다. 남들에게 칭찬을 듣기 위해서 물을 베푸는 것은 지혜가 아니다. 오히려 아버지의 영광이 나타나기를 바라며 베푸는 것, 이것이 지혜다. 사랑에 자극을 받아 행할 때, 사랑에 자극을 받아 다른 사람들의 축복의 수로가 되기를 바랄 때, 그것이 바로 아버지의 영광이다. 그때 우리는 주와 함께 일하는 자가 된다. 그것이 지혜이자, 신에게 속한 지혜다.

지혜는 우선적으로 선택할 문제이며, 그 다음은 의지의 문제다. 다시 말해 우리는 스스로의 이상에 비추어서, 그 이상을 타인과의 관계에 활용하는 가운데 지혜를 사용한다. 관념, 의지, 적용이라는 세 가지가 우리 인생에서 삼위일체를 이룬다. 그러나 지혜의 실천 속에서 자아를 잃고, '평화의 왕'이신 예수를 칭송하고, 아버지의 영광을 구한다면 우리는 자신이 주의 의식 안에 있다는 사실을 깨닫게 될 것이다. 바로 이것이 참된 접근 방법이다. 이것이 지혜의 시작이다. 신을 경외하는 것을 아는 것이 지혜의 시작이다. 마음을 다해, 몸을 다해, 영혼을 다해 신을 사랑하는 것이, 이웃을 자기 자신처럼 사랑하는 것이 율법의 전부이다. 우리가 이 규율에 따른다면 우리는 그 아들을 보내신 아버지의 영광을 찬송하는 것이다.

우리에게 내려진 소명은 우리가 가지고 있는 것을 사용하는 것이며, 그렇게 함으로써 정신적인 것이든 물질적, 영적인 것이든 더욱 많은 것이 주어지며 우리에게 필요한 것이 채워지는 것이다.

## 지혜에 이르는 길

> 아들이 와서 너희에게 '길'을 말하지 아니하였더라면 너희는 죄가 없었으려니와.* 리딩 262-104

주 예수는 완전한 자의 모범이다. 주가 그랬던 것처럼 우리도 인내와 참음과 동포애를 통해서 아버지의 지혜를 이해하게 된다. 신의 지식, 신의 지혜는 우리의 일상 경험에 활용해야만 힘과 조화를 가져다준다. 슬픔과 치욕, 결핍, 몰락 등 이 세상의 모든 고뇌도 그

---

* 요한복음 15:22 참조.

것을 신의 지혜 안에서 받아들이면 가치 있는 경험으로 바뀐다.

다툼과 혼란과 자만과 자기자랑이 있는 곳에 신의 참된 지혜는 없다. 사랑을 얻고 싶다면 우리는 사랑을 보여야 한다. 평안을 얻고 싶다면 우리가 온화해야만 한다. 신과의 친밀한 유대감을 얻고 싶다면 인생에 대한 우리의 목적에 관해서, 다른 사람들의 마음에 어떤 의심도 생기지 않도록 행동해야 한다. 지혜에 이르는 지름길은 없다. 지혜는 삶을 살아야 하기 때문이다.

## 자기성찰

우리는 인생의 십자가를 혼자서는 질 수 없다는 사실을 자각해야 한다. 아버지는 그 지혜로써 우리에게 표본을, 약속을, 친구를, 우리의 모든 십자가를 함께 져줄 자를 주셨다. 그렇다, 십자가를 지는 것의 의미를 경험을 통해서 배우신 그 '사람의 아들'을 주신 것이다. 우리는 이 사실을 분명히 인식해야 한다.

지혜 안에서는 결점을 찾지 못한다. 지혜 안에서는 그 누구도 비판하지 않는다. 지혜 안에서는 네게 악의를 품고 있으며, 네게 불친절한 말을 하는 사람들조차도 사랑한다.<sup>리딩</sup>

262-105

신의 약속이 자신에게 행해지기를 바랄 때 우리가 이해하지 못하는 여러 가지 변화가 인생에서 일어나게 된다. 이러한 경험들은 우리로 하여금 신의 지혜를 알게 해준다.

우리가 진심으로 이루고 싶다고 생각한 일을 소리 내어 고백하면, 거기에 지혜가 있다. 몸의 행동, 마음의 생각이 우리가 자식이나 이웃, 친구들에게 공언한 것과 일치한다면, 거기에 지혜가 있다.

"집과 함께 이 세상의 소유물 중 대부분을 잃었을 때 저는 괴로움에 몸부림쳤습니다. 저를 둘러싼 상황을 극복하지 못한 저 자신에게 실망했습니다. 그리고 제 지인들에게도 실망했습니다. 저의 괴로움에 무관심한 것처럼 보였기 때문입니다. 평소의 긍정적인 자세가 제게서 서서히 사라져 갔습니다. 위로받기를 얼마나 갈망하고 있었는지! 저는 이 경험이 제게 유익한 것이 되기를, 그리고 이와 같은 형태로 신은 제게 인내를 가르치시려는 것이라고 이해하려 노력했습니다. 괴로움을 통해서 복종을 배운다는 사실을 저는 이 경험을 통해서 이해하고 납득할 수 있었습니다."\*

> 너의 길을 똑바르게 하라. 너의 대화, 바람, 소망을 신과 동등함을 자각하고 있었던 주와 하나가 되게 하라.\*\*

너희는 길을 알고 있다. 너희는 무지로 인하여 실족할 것

---

\* 스터디 멤버의 체험.
\*\* 빌립보서 2:6 참조.

인가, 아니면 이기심으로 인하여 실족할 것인가? 육체와 육체의 욕구를 만족시킬 수 있을지 불안하여 너희는 의심을 하는가?

너희는 길을 알고 있다. '무한한 신'을 사랑하고 있으니 너로 하여금 행동하게 하라! 그리고 네게 보여진 것처럼 살아라. 리딩 262-105

우리는 이러한 진리를 스스로의 일상생활에서 실천하여 적용해야만 한다. 가벼이 스쳐 지나가는 단순한 신조나 격언처럼 여겨서는 안 된다. 우리가 그 진리를 실천함에 따라 그것은 살아 있는 것, 흔들림 없는 현실이 된다. 기억해두자. 지혜를 얻기 위해서는 우리가 알고 있는 사실을 적용해야 한다는 점을.

지혜의 적용

지혜를 끊임없이 구하고, 지금보다 더 지식을 올바로 사용하기를 바라면, 우리의 의지력·정신적 능력·영적 능력을 신에게 인도받아야 하는 지점에 도달하게 된다.

지혜는 우리의 대화나, 우리의 일, 우리의 모든 행위에 나타나는 신의 사랑이다.

너희가 하루하루 알고 있는 것을 적용함에 따라 다음 단계, 다음 행동, 다음 경험이 너희에게 제시된다. 여기저기서 실패했다고 해서 '아아, 나는 안 돼. 나는 나약해'라고 말해서는 안 된다. 물론 너 혼자서는 나약한 존재다. 하지만, 너희, 아아 믿음이 약한 자여! 신이 곧 너의 힘이다! 바로 이것이 지혜다!

이후 누구도 결코 '나는 안 돼'라고 말해서는 안 된다. 만약 그렇게 말한다면 그것은 '나는 하지 않겠다. 나는 나의 길을 가고 싶다'고 말하는 것이나 다름없다. 이는 어리석은 짓이다. 너희는 '길'을 알고 있다. 왜냐하면 신은 힘이자, 사랑이자, 인내이자, 지식이자, 지혜이기 때문이다.

그러니 이 모든 것을 신 안에서 구하자! 왜냐하면 신은 너희 안에 계시고, '아버지'는 하나의 영혼이라도 소멸하기를 원치 않으시며, 오히려 너희가 그것을 신에게 구하기만 하면, 그렇게 살아가면, 모든 영혼에게 피난할 길을, 사랑과 평안과 조화의 길을 마련해 주시기 때문이다. 리딩 262-104

준비 없이 지혜를 가질 수 있을까? 자기 정화(淨化) 없이 영광을 얻을 수 있을까? 행복에 대해 이해하지 못한 채 행복을 누릴 수 있을까? 어떻게 해야 지혜를 실제적으로 적용할 수 있을까? 모든 길을 우리의 스승인 예수와 함께 걸으면 된다. 자기 자신이 실행하고 있지 않은 것을 남에게 말해서는 안 된다. 자신들이 시험해본 적이 없는 것을 다른 사람들에게 시험해 보라고 주장해서는 안 된다.

한 사람 한 사람이 자신의 인생을 돌아보도록 하자. 하루 종일 그 어떤 불친절한 말도 하지 않도록 해보자. 그 누구에게도 그 누구에 관해서도 매정한 말을 사용해서는 안 된다. 그리고 그 하루가 네게 무엇을 가져다주는지 시험해보라.<sup>리딩</sup>

262-106

"저는 제가 많은 사람들과 함께 있는 꿈을 꾸었습니다. 저희는 예루살렘 신전에 있는 것 같았습니다. 저는 그 사람들을 그림으로 그리려 하고 있었습니다. 거기로 예수와 그 제자들이 들어왔는데 그들은 저희가 들어온 문으로 들어온 것은 아니었습니다. 예수도 당신의 그림을 그리게 하기 위해서 오신 것입니다. 예수께서 저게 이렇게 말씀하셨습니다. '너는 예수의 그림을 그릴 수는 있겠지만, 그리스도의 그림도 그릴 수 있겠는가?'

그 순간 그리스도의 그림은 제 자신의 삶을 제 이웃들에게 보여줄 것이라는 사실을 깨달았습니다. 이것은 우리 모두에 대해서 할 수 있는 말입니다. 우리는 스스로 하는 말에 의해서, 생각에 의해서, 행동에 의해서 그리스도를 알고 이웃을 그리스도와 만나게 할 수 있는 것입니다. 우리가 선이라고 알고 있는 것을 적용하는 것이 지혜입니다. 주이신 신을 마음을 다해, 생각을 다해, 영혼을 다해 사랑하는 것, 그리고 이웃을 자기 자신처럼 사랑하는 것, 이것이 지혜입니다. 그보다 동떨어지는 어떤 일이든 그것을 행할 때 우리는 죄와 슬픔을 경험하고 마침내는 죽음을 초래하는 것입니다."\*

따라서 그리스도의 삶을 네 나날의 경험에서 실천하는 것이 바로 지혜다.

이것은 멀리 있는 것이 아니다. 옛날 사람들처럼 우리가 지혜를 알 수 있겠는가, 어디 하늘에서 명령을 가지고 내려올 사람은 없는가, 그것을 듣고 이해할 수 있을까, 바다를 건너 와줄 사람은 없는가, 라고 물어서는 안 된다. 왜냐하면, 보라. 지혜는 너 자신의 마음속에, 너 자신의 힘 안에, 그렇다, 너 자신의 능력 안에 있기 때문이다! 그리스도 안에 정해진 그 모범에 비추어서 네가 해야 할 일이라고 알고 있는 것을 적용하는 것. 이것이 바로 살아 있는 지혜다! 리딩 262-104

---

\* 스터디 멤버의 체험.

열한 번째 가르침

# 행복
Happiness

"하나님께 징계 받는 자에게는 복이 있나니
그런즉 너는 전능자의 징계를 업신여기지 말지니라."
- 욥기 5:17

## 기도의 말

우리의 아버지시여,
우리의 신이시여 저는 동포를 사랑하겠습니다.
부디 당신을 사랑하는 일에서 행복을 찾게 해주소서.
저의 삶, 저의 말, 저의 행동이,
제가 매일 만나는 사람들에게
예수이신 주의 기쁨과 행복을 가져다주기를.

### 열한 번째 가르침
# 행복

행복이란 무엇인가?

행복이란 '무한한 신'의 사랑 안에 머무는 것이다. 행복하기 위해서 우리는 자신을 둘러싼 물질적인 상황과 '무한한 신'의 사랑을 일치시켜야 한다. 그 누구도 우리에게 행복을 줄 수는 없다. 우리에게서 행복을 빼앗을 수도 없다. 우리는 감사로 가득한 마음과 평안, 조화로 행복을 나타내고, 신과 사람에게 의심을 품지 않는 마음으로 행복을 나타낸다. 행복이란 신의 사랑을 아는 것이자 신의 사랑에 접하는 것이며 신의 사랑을 나날의 삶에 나타내는 것이다. 선행과 과오, 낮과 밤이 합당한 법칙에 따르는 것처럼 행복도 역시 법칙에 따른다. 첫 번째 법칙은 '비슷한 것끼리는 서로 끌어당긴다'는 것이다. 우리는 자신이 생각하고 있는 대로의 사람이 된다. 씨앗이 성장하고 나면 그 종류에 따라서 열매를 맺듯이* 우리는 우리가 행위로 뿌린 것, 마음에 생각해 온 것 그대로의 사람이 된다. 주의 길을 사랑하는 사람들은 참으로 행복하다 하지 않을 수 없다.**

## 누가 행복한가?

마음이 가난한 사람들은 행복하다. 그 사람들은 신을 보려 하기 때문이다. 마음에 자랑할 만한 그 무엇도 가지고 있지 않은 자신을 깨달음으로 해서 오히려 아버지이신 신의 훌륭함, 신의 사랑의 깊이를 알고 신의 힘이 인도하는 대로 나아갈 때 우리는 행복하다. 그러나 우리가 '신접한 자'***와 가까이 지낼 때 우리는 언제나 함께 계시겠다고 약속하신 신을 소홀히 하는 것이다.

슬퍼하는 사람들은 행복하다. 그 사람들은 위로를 받기 때문이다. 우리는 영적 충만을 갈망하고 있는데 그것을 줄 수 있는 것은 신의 성령뿐이다. 영적으로 실수를 한 우리를 예수 그리스도가 신에 대해서 변호를 해주신다. 이 사실을 알면 우리는 위로를 얻는다.

---

* 창세기 1장
** 리딩 262-109
*** 사무엘상 28:7 참조.

사악한 일을 행하는 사람들을 우리는 가엾게 생각하지만, 주께서는 나약함을 품고 있는 사람들에게 미소를 지으시며, 우리가 그들을 축복할 수 있을 때 우리는 행복하다.

온화한 사람은 행복하다. 그 사람들은 땅을 물려받기 때문이다. '만군의 여호와께서 말씀하시되 이는 힘으로 되지 아니하며 능력으로 되지 아니하고 오직 나의 영으로 되느니라.' 스가랴 4:6

보이지 않는 힘은 지금도 여전히 지상과 그 사람들에게 커다란 변화를 가져다주기 위해 작용하고 있다. 온화하고 차분하고 겸허한 사람들이 앞으로 올 새로운 시대의 창조자이자 수호자이며 많은 사람들에게 빛과 이해를 가져다준다. 헌신을 하며 미래 세대가 축복받을 수 있도록 집을 세우고, 병원을 세우고, 마을을 만드는 사람들은 은혜를 받는다. 땅을 물려받는 것은 이러한 사람들이기 때문이다. 우리가 베풀면 우리는 소유하게 된다. 이는 우리가 자신을 위해서 끌어안고 있는 것을 우리는 잃는다는 이치와 같다. 그리고 무엇인가를 잃는다는 것은 결국, 그것이 한 번도 자신의 것이 된 적이 없었다는 사실을 말한다.

정의에 굶주리고 목마른 사람들은 행복하다. 그 사람들은 가득 채워지기 때문이다. '구하라 그리하면 너희에게 주실 것이요 찾으라 그리하면 찾아낼 것이요.' 마태복음 7:7

우리에게 있어서 자기 혼자서는 아무것도 할 수 없다는 사실을 깨닫지 못하고, 오히려 혼자서 무엇이든 할 수 있다고 생각하는 것은 끔찍한 일이다. 자신과 신과의 관계를 알고, 자신과 동포와의 관계를 이해하는 것은 빛나는 영예이다. 지식과 평안과 정의의 샘물이 펑펑 솟아올라 우리의 갈증은 '생명수(water of life)'이신 주로 인해 영원히 해소된다. 이 사실을 깨닫는 우리는 행복하다.

동정심 깊은 사람들은 행복하다. 그 사람들은 동정을 받기 때문이다. 아버지시여, '저희가 허물 있는 자를 용서하듯, 저희의 허물도 용서하소서.' 만약 우리가 형제의 허물을 용서하지 못한다면 어찌 자신이 용서 받기를 바랄 수 있겠는가? 용서하고 동정하는 것은 신의 일이다. 원한을 품고 복수를 생각하고 입을 삐죽이며 원망하는 것은 땅에 속한 일이며 아버지의 나라에 그것들이 머물 자리는 없다. 동정심 깊은 사람들은 행복하다. 필요한 것을 주시겠다는 약속이 그들의 것이기 때문이다.

마음이 깨끗한 사람들은 행복하다. 그 사람들은 신을 보기 때문이다. 당신들은 어린아이처럼 되지 않으면 아버지의 나라를 볼 수 없다. 아이는 사악한 마음을 품지 않는다. 아이를 바라보고 있으면 죄인조차 선한 인간이 된다. 우리도 역시 동포 안에서 신을 보지 못하는 한 어디를 가든 신을 보지 못한다. 이것이 신에게로 향하는 첫 걸음이다. 그것을 우회할 수는 없다. 다른 사람에 대해서 사악한 생각을 품고 있는 한 우리 안에 행복은 없다.

평화를 실현하는 사람들은 행복하다. 그 사람들은 신의 아들이라 불린다. '평안을 너희에게 끼치노니 곧 나의 평안을 너희에게 주노

라. 내가 너희에게 주는 것은 세상이 주는 것과 같지 아니하니라. 너희는 마음에 근심하지도 말고 두려워하지도 말라.'요한복음 14:27 불안과 혼란의 이 세계에서 이것은 행복한 의식 상태이다. 그러나 평안을 밖으로 드러내려는 노력을 하지 않으면 그 평안도 오래 머물지는 않는다.

정의 때문에 박해받는 사람들은 행복하다. 천국이 그들 것이기 때문이다. '너를 고발하여 속옷을 가지고자 하는 자에게 겉옷까지도 가지게 하며.'마태복음 5:40 이는 우리가 다른 사람들에게 다정하고 친절해야 한다는 사실을 또 다른 형태로 표현한 것이다. 우리는 조금밖에 가지고 있지 않기 때문에 미래를 위해서 절약해야 한다, 이런 말을 몇 번이나 강조해 왔는지. 우리가 가지고 있는 얼마 되지 않는 것을, 지금 필요로 하는 사람들이 있을지도 모른다는 사실을 생각해보자. '만약 내게 여유가 있었다면 참으로 많은 것들을 가난한 사람들에게 베풀었을 텐데.' 우리는 이런 식으로 말한다. 그러나 지금 가지고 있는 얼마 되지 않는 것들을 베풀지 못한다면 설령 충분한 것을 가지고 있다 한들 우리는 그것을 나누어주지 못할 것이다.

우리가 정의를 위해서 박해를 받고 있으며 그것이 주를 위해서라는 깨달음이 있다면 우리 인생의 가장 어두운 구석에까지 행복을 가져다주는 빛이 비칠 것이다. 우리가 차지하고 있는 자리와 우리가 하고 있는 일은 단순히 생계를 위한 것만이 아니라 그로 인해서 다른 사람들이 인생에 대해 보다 잘 이해하도록 하기 위한 수단이기도 하다. 그와 같은 자각 앞에서 약간의 비방이나 중상, 모욕은 그 날카로움을 잃는다. 정의를 위해서 박해받는 것을 기뻐할 수 있을 때, 사랑하는 것은 더욱 쉬워지며 상대방이 바라기 전부터 용서할 수 있게 된다.

'나로 말미암아 너희를 욕하고 박해하고 거짓으로 너희를 거슬러 모든 악한 말을 할 때에는 너희에게 복이 있나니 기뻐하고 즐거워하라. …… 너희 전에 있던 선지자들도 이같이 박해하였느니라.'<sup>마태복음 5:11-12</sup>, '사람들이 너희를 출교할 뿐 아니라 때가 이르면 무릇 너희를 죽이는 자가 생각하기를 이것이 하나님을 섬기는 일이라 하리라.'<sup>요한복음 16:2</sup>

## 행복은 언제 찾아오는가?

주의 뜻을 우리의 의지로 삼을 때, 우리는 행복하다. 왜냐하면 매일매일의 우리 생활에 있어서 주를 알게 되기 때문이다. 우리는 어떻게 생각하고 있는가. 예수는 행복에 충만해서 십자가로 나아가신 것일까? 피땀을 흘릴 정도의 기도도 제자들에게 거의 이해받지 못했던 그 겟세마네 동산에서 행복에 가득한 채 나아가신 것일까?

이 경험은 주에게 커다란 슬픔을 가져다주었지만 그래도 주는 죄에서 벗어나는 길을 이 세상에 나타낼 수 있다는 사실을 아셨기에 행복했다.

자신이 사랑하는 사람들의 결점 때문에 우리는 괴로워할까? 주는 주가 사랑하신 사람들에 대해 어떠셨을까? 주는 그들을 비난하지 않고 그들에게 축복만을 주셨다. 주가 보이신 모범에 따를 때 우리는 행복하다.

우리의 인생에서 실망을 맛보는 일이 있을까? 그것은 충분히 예상할 수 있는 일이다. 그와 같은 경험도 우리의 수련에 필요하다. 재앙이 오는 것을 피할 수는 없다. 그러나 재앙을 가져다준 사람은 더 불행하다. 실망에 빠졌다면 자신의 기회를 생각하고 인내와 사랑으로 그 실망에 맞서자.

행복은 자신을 잊고 신의 길을 구하는 사람들의 마음에서 찾을 수 있다. 행복을 살 수는 없다. 행복을 배울 수도 없다. 행복은 노력하여 얻을 수밖에 없다. 누구도 우리에게서 행복을 앗아갈 수는 없다. 우리 자신이 잘못 사용함으로 해서 행복을 잃는 것일 뿐이다. 매일 다음과 같이 기도하자.

우리 아버지시여, 우리의 신이시여, 저는 동포를 사랑하겠습니다. 부디 당신을 사랑하는 일에서 행복을 발견하게 해주소서. 저의 삶, 저의 말, 저의 행위로 제가 매일 만나는 사람들에게 예수이신 주의 기쁨과 행복을 가져다주기를. 리딩 262-106

## 쾌락은 행복이 아니다

우리는 종종 쾌락을 행복이라고 착각한다. 우리는 사치가 가져다주는 온갖 쾌락을 이 세상 사람들이 즐기고 있다고 생각한다. 그러나 그 대부분의 사람들은 슬픈 듯한 표정을 짓고 있으며 마음은 어둡게 가라앉아 있다.

쾌락은 이 세상의 것이다. 그것은 우리의 외부에 있는 것이다. 그것은 순간적인 것으로 우리를 속이고 불만을 남긴다. 아무런 보수도 주지 않으며 오히려 '이루지 못한 꿈'이라는 다리를 건널 때 무거운 통행료를 요구한다.

솔로몬은 이렇게 말했다. '나의 사업을 크게 하였노라. 내가 나를 위하여 집들을 짓고 포도원을 일구며 여러 동산과 과원을 만들고 그 가운데에 각종 과목을 심었으며 …… 그 후에 내가 생각해 본즉 내 손으로 한 모든 일과 내가 수고한 모든 것이 …… 내가 보니 지혜가 우매함보다 뛰어남이 빛이 어둠보다 뛰어남 같도다.'<sup>전도서 2:4-13</sup>

'사람이 만일 온 천하를 얻고도 제 목숨을 잃으면 무엇이 유익하리요 사람이 무엇을 주고 제 목숨과 바꾸겠느냐.'<sup>마태복음 16:26</sup>

쾌락과 행복의 차이에 대해 생각해보자. 쾌락은 물질적인 것에서 얻을 수 있지만 행복은 영적인 상태를 말한다. 쾌락은 육체적 감각을 만족시킴으로써 얻을 수 있다. 그러나 자신이라는 관점을 버리고 신의 사랑과 아름다움과 희망을 풍성하게 맛보고 칭송하면 우리는 참된 행복을 알게 된다.

자기 자신의 개인적인 겟세마네만을 생각하는 사람들에게 겟세마네로 가는 길은 가시밭길로 여겨진다. 그러나 주가 갈보리로 가시는 도중에 보여주신 배려심 가득한 말씀은 멸망해 가던 세계에 행복을 가져다주었다.

'평안을 너희에게 끼치노니 곧 나의 평안을 너희에게 주노라. 내가 너희에게 주는 것은 세상이 주는 것과 같지 아니하니라. 너희는 마음에 근심하지도 말고 두려워하지도 말라.' 요한복음 14:27

행복은 '무한한 사랑'과 '성스러운 사랑' 안에서 찾을 수 있다. 무한한 사랑이란 신의 사랑이며, 무한한 사랑에 의해 인도받는 사람들이 나타내는 것이 성스러운 사랑이다. 주 예수에게 있어서 이 두 가지는 하나다. 그것들은 행복을 가져다준다. 물질적인 것에서 찾아볼 수 있는 단순한 쾌락이 아니다.

우리는 씨앗을 뿌리는 일에서 행복을 찾아내야 한다. 물론 바위 투성이 땅에 떨어지는 씨앗도 있을 것이다. 길가에 떨어지는 것도 있을 것이고 엉겅퀴와 가시나무숲에 떨어지는 것도 있을 것이다. 그러나 대부분은 비옥한 땅에 떨어질 것이다. 그렇다면 우리는 신께서 길러주실 것이라는 사실을 믿어야 한다.

우리는 매일매일의 우리 일을 인도해 주시는 주의 눈에 합당한 자가 되기 위해 노력해야 한다. 사람들에 대한 봉사 중에서 가장 커다란 기회는 친절, 온화하게 이야기하는 것, 항상 미소 짓는 것이다.

그와 같은 행위를 통해 나날의 우리 삶에서 '아버지'의 사랑을 빛나게 하자. 그렇게 하면 의심의 구름은 사라져 버릴 것이다.

물질적인 것, 정신적인 것, 영적인 것, 이것들을 올바로 평가하여 가장 소중히 여겨야 할 것을 가장 소중히 여긴다면 우리의 인생은 조화와 행복과 기쁨이 가득한 인생이 될 것이다. 우리가 인내심을 갖고 사랑의 씨앗을 뿌린다면 언젠가는 사람들도 우리가 신과 어떤 관계를 맺고 있는지 알게 될 것이다.

## 마무리

진리는 자유를 가져다주며, 자유는 행복을 가져다준다. '진리를 알지니 진리가 너희를 자유롭게 하리라'요한복음 8:32고 기록된 대로이다. 진리에 있다면 우리가 남을 속박하는 일도 없으며 자신을 칭찬하는 일도 없다.

이기심만이 유일한 죄다. 그 외의 다른 죄는 모두 자아(ego)가 모습을 바꿔서 여러 형태로 나타나는 것에 불과하다. 자아(작은 '나')와 '참된 나(Great I Am)'가 너무 가까이 있기 때문에 의무와 특권과 기회가 뒤섞여 우리 인생의 여기저기서 혼란이 발생한다. 인생에 어려움이 발생하면 우리의 대부분은 자신이 사람들에게 어떻게 행동해야 하는지 올바로 생각하지 못하게 된다. 그런 사람들을 돕고, 그들이 불안과 걱정을 극복할 수 있도록 인도하는 것이 우리의 의무라는 사실을 잊고 만다.

  생명을 얻고 싶다면 생명을 주어야 한다. 친구를 얻고 싶다면 자신의 우정이 두터워야 한다. 우리가 무엇인가를 하려고 하면 선한 일에 힘을 쏟고, 물질적인 이익만을 생각해서는 안 되며 동포에 대해서 커다란 봉사를 행하는 것을 목표로 삼아야 한다. 동포에게 봉사함으로써 우리는 우리의 창조주에게 봉사하는 것이 되는 셈이니.\*

---

\* 리딩 257-182 참조.

열두 번째 가르침

# 성령
## Spirit

"하나님은 영이시니 예배하는 자가 영과 진리로 예배할지니라."
- 요한복음 4:24

## 기도의 말

아버지시여, 신이시여,
자비와 사랑으로 지금 저희와 함께 머물러 주소서.
저희는 당신의 사랑을 알고 당신의 사랑에 대해서 이야기하겠습니다.
지금 이 순간, 인생의 번거로움을 멀리할 수 있도록 저희를 도와주소서.
그로 인해서 신의 영과 어린 양이 '오라!'고 부르신다는 사실을
우리가 참으로 알 수 있도록.
그리고 듣는 귀를 가진 자들에게 '가자!'라고 말하게 하소서.
바라는 자는 누구라도 오게 하여 생명의 물을 마시게 하소서.

열두 번째 가르침
# 성령

## 시작하며

'영(靈, spirit)'은 만물의 조물주이자 '창조력'의 핵심, 빛의 근원, 모든 생명을 움직이게 하는 영향력이다. '영'은 바로 신이다.

'영'이라는 말은 여러 가지로 쓰인다. '시대정신', '미국의 정신', '70년대의 정신', '개척자 정신', '파시즘의 정신', '이승의 영', '죽은 자의 영', '교회의 정신', '진리의 영', '그리스도의 영' 그리고 '신의 영' 등등이다.

이것들은 무엇을 의미하고 있을까? 이와 같은 언어의 혼란은 어째서, 어떻게 해서 생겨난 것일까?

지금까지 '영'은 하나라고 말해 왔다. 모든 차원에서 나타나는 생명의 힘은 이 '영'이 결정체화(Crystallization) 된 것이다.

이 힘은 원래 창조주의 영광을 찬양하려는 본성을 가지고 있다. 그러나 자유의지의 힘을 이기적인 수로로 잘못 사용하여 자기 과시를 꾀하면, 거기에서 죄가 생겨난다.

예를 들어 개척자 정신은 때로 무자비함, 파괴, 다툼, 분쟁, 미움을 연상시키지만 개척자 정신 자체에 그와 같은 성질만 있는 것은 아니다. 개척자 정신은 오히려 육신에 갇힌 영적 존재가 육체로부터 스스로를 해방시키려 하는 원동력이 되기도 한다.

모든 힘은 하나다. 이 힘을 여러 가지 형태로 발휘하여 그것을 받아들인 것은 인간이다. 따라서 사람은 '길'에 의해 하나로 되돌아가지 않으면 안 된다. '사탄아 내 뒤로 물러가라. …… 네가 하나님(영)의 일을 생각하지 아니하고 도리어 사람의 일을 생각하는도다.'<sup>마태복음 16:23</sup> 이것은 당신 앞에 자기 찬미의 길과 신을 찬미하는 길 두 가지가 놓여 있을 때 예수께서 직접 하신 말씀이다.

우리는 '영'이 어째서, 어떻게 해서 물질세계에 나타났는지 그 사실을 이해할 필요가 있다. 우리는 대체 어디서 온 것일까?

> …우리는 자신이 왜, 어떻게 해서, 어디에서 왔는지, 또 지금부터 어디로 가려는 것인지, 또 그것은 무엇 때문인지 – 이러한 사실들을 알아야만 한다. <sup>리딩 262-114</sup>

## 우리는 어디서 온 것일까?

　신은 당신의 형상을 본떠 영혼, 마음, 의지를 가진 영적 존재로서 인간을 창조하셨다. 모든 의식(意識) 상태에서 이들 속성을 발휘할 기회가 있다.

　하늘과 땅, 혹은 우주의 공간이 만들어지기 이전에 모든 오류가 발생했다. 즉, 영적 존재(영혼)인 우리는 자유의지를 사용하여 이기적인 소망을 드러냄으로써 '창조 의지'와 하나였던 의식에서 자기 자신을 분리시킨 것이다. 육체에 있는 생명은 이 분리의식의 반영이다.

　사랑의 법칙에 의해서 신은 만인을 위해 돌아갈 수단(길, 사다리, 매듭 지어진 밧줄)을 준비하셨다. 이 길이 준비되기 전에 시간과 공간이라는 개념은 전혀 없었다. 시간과 공간에 대한 개념은 신의 뜻을 명료하게 이해하는 것을 돕는 것이지 그것을 방해하는 것이 아니다. 왜냐하면 시간과 공간과 인내에 의해서 사람은 빛에 비춰진 '길'을 알게 되기 때문이다.

　구하는 사람만이 이 길을 찾아낼 수 있다. 육신은 우리에게 진리를 밝혀주지 않는다. 내면에 있는 '신의 영'을 일깨워야만 각 개인은 그 계시를 받을 수가 있다.

### 인간의 투사(投射)

지상계에서 이기적인 소망을 좇는 동안 '신의 아들'들은 사람의 아들들이 되어 버리고 말았다. 그들은 자신을 물질 속으로 밀어넣음으로써 지상에서 진행되어 가고 있던 진화의 패턴을 왜곡시켰다. 처음에는 광물의 자연 원소나 식물이나 동물을 통해 자기를 표현했으나, 곧 지상에 존재하는 동물의 생명을 모방하여 굳어진 상념체에 자기 자신을 투사하게 되었다. 이렇게 해서 영적 존재는 상념체 속으로 끌려 들어갔고 마침내는 자신의 신성한 출생을 자각하는 의식마저 잃게 되었다. 그 결과 추악하고 괴기스러운 생물이 등장하게 되었고 혼돈에 빠진 세상이 만들어졌다. 거기에 존재했던 암흑은 제한된 마음으로는 도저히 이해할 수 없는 것이다. 지구는 이 혼돈 상태를 보이기 시작한 3차원 세계로 전락해 버렸다.

### 신의 투사(投射)

신은 당신의 사랑으로 이 이기적 상념의 진흙탕 속에, 혼란의 세계 속에 하나의 길을 마련하셨다.

신은 '빛이 있으라' 창세기 1:3고 말씀하셨다. 다시 말해 시간과 공간 의식을 드러나게 하신 것이다. 밤이 있었고, 낮이 있었고, 최초의 하루, 즉 빛과 어둠, 선과 악의 하루가 있었다. 이렇게 해서 영적 존재는 자신이 신으로부터, '빛'으로부터 멀어져가고 있다는 사실을 서서히 자각하게 되었다.

최초의 아담이기도 한 예수는 새로이 태어나 신의 의식으로 돌아가는 영적 존재의 상징이 되셨다. 그렇게 해서 예수는 인간(영적인 인간)이 신을 알 수 있도록, 또 '빛'으로 향할 수 있도록 인내의 길을 보이셨다. 유일자의 법칙은 드디어 인간 예수 안에 나타났으며, 그리스도 의식으로 보여졌다.(이 차이를 이해하도록 하자.)

신이 투사된 아담과 이브는 영적 존재인 우리가 스스로의 욕망을 정화하고 신 의식으로 되돌아가는 것을 가능케 하는 육체의 조상이 되었다. 바로 이것이 모든 대륙, 각 민족에 전해져 내려오는 선택받은 인종, 순수 인종이라는 전설의 참된 기원이다.

아담에게서 물려받은 이들 육체를 사용하던 영적 존재는 극히 빠른 단계에서 유혹을 만났다. 그리고 그 대부분은 욕망에 굴복하게 되었다. 그 사실이 성경에는 '……하나님의 아들들이 사람의 딸들의 아름다움을 보고 자기들이 좋아하는 모든 여자를 아내로 삼는지라'고 기록되어 있다.

몇 세대가 지난 뒤 사람(즉, 여러 가지 동물의 몸을 혼합한 굳어진 상념체)의 아들과 딸, 그리고 신의 아들과 딸(아담을 조상으로 하는 인

---

* 창세기 6:2, 창세기 4:16-17 참조.

종)이 함께 사는 시대가 되었다.

그리스도에 의해 만들어진 표본을 따름으로 해서 사람은 길을 알게 된다. 모든 영혼은 '빛'에 따를 것인가, 아니면 이기적인 소망을 추구할 것인가, 매일 이 선택을 해야 한다. 모든 사람들은 태초에 그랬던 것처럼 지금도 여전히 자기 자신과 대면하고 있다. 동기나 목적에 대해 특별히 생각하지 않고 행동해도 일시적인 안락을 얻는 경우가 있다. 하지만 그 사람의 행위가 이기적인 욕망을 충족시키고 동포를 희생으로 삼는 것이라면 그는 언젠가 자기가 뿌린 것을 거두어들이게 된다.

우리는 아버지이신 신의 동료로서 창조되었고, '조물주(the First Cause)'의 일부이니 자신의 정신체, 육체, 영체에 있어서 그 관계를 좀더 자각하고 구체화할 필요가 있다.

우리는 지상에 온 목적을 성취해야만 한다. 다시 말해서 아버지이신 신과 다시 하나가 되는 것인데 그것은 그리스도 의식에 의해서 달성할 수 있다.

따라서 이 길을 스스로 걸으셔서 완성하신 그리스도의 힘에 의해서 우리는 자신을 자신으로 인식하면서도 자신이 －'전체' 그 자체가 아니라－ 전체의 일부이자 전체와 하나임을 알게 되는 것이다. 바로 이것인 '존재'의 목적이자, 의의이다.

## 시간, 공간, 그리고 인내

신의 성령을 물질 차원에서 이해하면 '시간'과 '공간'과 '인내'가 된다. 이러한 개념들은 한계가 있는 생각으로, 신을 이해하기 위한 단순한 용어에 지나지 않는다. 그러나 이러한 것들은 물질세계에서 현실의 체험 중 일부이자, '창조력'의 속성으로 보아야 할 것이다. 시간을 이해함으로써 우리는 신을 더욱 잘 이해하게 된다. 시간의 보편성은 다른 어떤 개념보다 더 내면적인 영감으로, 우리에게 통합된 의식의 개념을 가져다준다.

하루하루가 새로운 기회의 시작이자 끝이다. 모든 기회에는 시작이 있고 끝이 있다. 그로 인해서 영적 이상을 물질 차원에서 더욱 크게 실현시킬 길이 열리게 되는 것이다. 모든 새로운 경험은 우리가 옮겨와 살고 있는 새로운 에덴동산이다. 하루하루가 첫 번째 날의 저녁이자 아침이라는 인식을 가져다준다. 에덴에 남을 것인가, 아니면 에덴에서 추방당할 것인가는 우리 자신에게-우리가 의지력을 사용하여 어떤 선택을 할 것인가에-달려 있다. 매순간이 우리 인생의 시작점이다. 그리스도 안에서는 우리의 나약함이 오히려 우리를 강하게 한다. 이 사실을 알고 있는 한 시작하는 데 늦은 일이란 결코 없다.

신은 우주 공간에 관한 우리의 개념에 나타난다. 광대한 우주 공간 앞에 서면 우리의 자만심은 순식간에 날아가 버린다. 별들을 바라보면 인간은 겸허해지지 않을 수 없다. 무한한 우주에 대해서 사유할 때 우리는 신에게 다가간다.

신의 은혜와 선한 본질은 인내에서 가장 잘 드러난다. 인내는 신과 같은 성질이다. 왜냐하면 우리가 동포에 대해서 인내를 나타낼 때 그것은 영적인 힘을 물질적으로 나타내고 있는 것과 마찬가지이기 때문이다. 예수께서는, 사람은 인내로 인해서 자신의 영혼을 얻는다고 말씀하셨다. 사람은 인내를 통해서 생명의 연속성을 깨닫게 된다. 유한한 존재로서 사람이 표현할 수 있는 것들 중에서 인내만큼 신의 성질을 잘 보여주는 것도 없다.

3차원 세계에서의 영적 성장에 있어서 시간과 공간과 인내는 열쇠가 되는 중요한 개념이다. 이 세 가지가 없으면 타락한 인간은 자신이 신에게서 멀어졌다는 사실조차 자각하지 못한다. 이것들은 눈을 뜨게 해주는 것이며, 불타는 떨기나무에서* '날은 날에게 말하고 밤은 밤에게 지식을 전하니'[시편 19:2]라고 말씀하신 신의 목소리다.

시간과 공간과 인내를 사용하여 우리는 육체·정신·영혼의 모든 것을 측량한다. 우리가 모든 공간은 시간 안에 존재한다는 사실을, 그리고 모든 시간은 하나라는 사실을, 모든 힘은 하나라는 사실을, 모든 힘은 신이라는 사실을 인식하기 시작했다면 우리는 그리스도가 '내가 아버지 안에, 너희가 내 안에 있을 것이다'**라고 말씀

---

\* 출애굽기 3장 참조.
\*\* 요한복음 14:20 참조.

하신 '일체성'으로 돌아가고 있는 것이다. 인내에 의하지 않고 이 인식에 도달할 수는 없다.

## 자신이라는 장애물

이기심은 사람이 신의 의식 안으로 돌아가는 것을 방해하는 힘이다. 신을 알기를 바란다면 우리는 그리스도 안에 있던 마음을 자기 안에 만들어 가야 한다. 그 선택을 하는 것은 우리 자신이다. 신은 오늘, 우리 앞에 선과 악을 놓으신다. 신은 '아무도 멸망하지 아니하기를 원하시느니라' [베드로후서 3:9], 모든 사람들이 진리를 알기를 원하신다. '진리를 알지니 진리가 너희를 자유롭게 하리라' [요한복음 8:32] 고 기록된 대로이다.

신은 하늘과 우주를 창조하신 신이 아닌가? 신은 우리의 나라와 마을과 가정의 신이 아닌가? 우리는 어째서 형제의 결점을 찾아내려 하는 것일까? 어째서 가정에, 마을에, 나라에 불화를 일으키려 하는 것일까? 우리는 자신이 이해하고 있는 하나의 '영'을 나타내기 위해서 하루하루, 어떤 대화를 나누고 어떤 행동을 취하고 있는가? 우리는 이기심 때문에 그 길이 막혀 버린 것은 아닌지? 진리의 영의 인도를 받고 있는지?

그리스도의 성령은 이기적인 마음에는 깃들지 못한다. 자신의 영광을 구한다면 우리는 자신의 집에서, 교회에서, 마을에서-그렇다, 자기 자신의 의식에서- 그리스도를 내모는 셈이 되는 것이다.

이기심이 신으로부터의 첫 번째 등돌림을 불러일으켰다. 이기심이 첫 번째 죄가 되었다.

## 멤버의 체험

"그것은 크리스마스 이브의 일이었습니다. 그날의 일을 마친 저는 지쳐 있었습니다. 저는 잠시 누워서 조용히 자기성찰의 시간을 가졌습니다. 제게는 남들처럼 크리스마스를 즐길 만큼의 돈이 없었습니다. 그날의 일들을 이리저리 떠올려보고 있었습니다. 개인적인 욕심을 버리고 제가 할 수 있는 최선을 다해 남을 행복하게 하려고 노력했던 자신을 떠올렸습니다.

다시 정신을 차리고 보니 누워 있던 것은 겨우 몇 분에 지나지 않았지만 몸이 완전히 편안해진 것을 느낄 수 있었습니다. 참된 휴식이란 사심 없고 욕심 없는 삶에 있는 것일까, 라는 생각을 했습니다. 만약 그렇다면 저는 그것을 실증한 셈입니다. 물론 조그만 증거에 지나지 않지만 제게 있어서는 하루를 이타심으로써 봉사한 자연스러운 결과였습니다."

"이번 배움의 시작 부분에 이 세계의 성립에 관한 훌륭한 설명이 있는데 저는 거기서 묻고 있는 몇 가지 질문의 의미를 가만히 생각해보았습니다. 그러자 저는 어딘가 높은 곳에 있는 듯한 감각에 사로잡혔습니다(인간이라는 느낌이 아니라, 순수한 '의식'과도 같은 느낌이었습니다). 아래를 보니 매우 아름답고 커다란 강이 흐르고 있었습니다. 그것은 거품으로 이루어진 강이었습니다. 그 흐름은 잔잔했으며 거품이 구르고, 섞이고, 겹치는 모습은 음악과도 같았습니다. 가만히 살펴보니 그 거품은 인간이 아니겠습니까? 이 거품들이 한 지점에 다다르자 터져서 모든 거품이 하나가 되었습니다. 저는 '이것이 생명의 강이다!'라고 생각했습니다. 저희도 마지막에는 이 '전체'에 융합되는 것입니다. 우리는 하나이니."

## 마무리

우리는 자신에게 베푼 것과, 그리고 타인에게 베푼 것과 끊임없이 대면하고 있다. 우리는 자신이 심은 것의 열매를 스스로 거두어들여야만 된다. 정화(淨化)의 원리를 배반하거나 자연의 법칙을 배반하면 우리는 그 대가를 치르게 된다. 정신적 환경이나 영적 환경에 대해서도 마찬가지라고 할 수 있다.

자신이 누구를 믿고 있는지, 누가 우리의 소망을 만드는 자인지를 알아야 한다. 우리의 소망은 창조적인지, 아니면 파괴적인지? '아버지시여, 당신의 소망을 저의 소망으로 삼게 해주소서. 신이시여, 저의 소망을 영과 진리에 있어서 당신의 소망으로 삼아 주소서." 이 기도를 우리의 기도로 삼아야 한다. 그렇게 함으로써 은혜와 사랑과 평안과 조화가 더욱 우리 경험의 일부가 된다는 사실을 알게 될 것이다. 남들이 우리를 사랑하기 때문에 그들을 사랑하는 것이 아니다. 형제 속에서 신을 발견하게 되면서 우리 자신의 경험에 조화와 희망이 찾아오기 때문에 그들을 사랑하는 것이다.

종교, 동포에 대한 우리의 사랑, 창조주에 대한 우리의 사랑은 단순한 형식이 아니라 산 경험이 되어야만 한다. 자비와 은혜가 그런 것처럼 진리도 역시 실제로 적용함으로써 성장한다. 타인과의 관계 속에서 '영의 열매'를 나타냄으로 해서 우리는 부름을 받은 목적을 성취하게 되는 것이다. 우리는 동포를 대하는 자세 속에서 창조주에 대한 우리의 사랑을 나타내게 된다. 신의 사랑은 지상에 헤아릴 수도 없이 반복해서 나타났다. 다시 말해 미움과 힘에 의해서가 아니라 사랑에 의해서 사람은 영적으로 깨달을 수 있었다.

비참한 삶을 살고 싶다면, 자신만을 생각하면 그렇게 될 수 있다. 그러나 행복을 알고 싶다면 누군가의 친구가 되자. 신의 사랑을 알고 싶다면 구하는 사람들, 비난하는 사람들에게 사랑을 보여야 한

---

* 리딩 262-60

다. 주의 얼굴을 구하는 사람 곁에는 언제나 주가 함께 계신다는 사실을 알고 크게 기뻐하자. 주와 함께 이야기를 나누고 걷는 것이 무엇을 의미하는지, 이것을 사람들에게 전파하기 위한 전도자가 되기를 바란다면 주는 언제나 우리와 함께 계실 것이다.

자신을 버리고 오로지 신의 영*에 인도받기를 구할 때, 바로 그때에만 구원의 계획에서 자신의 역할 완수를 바랄 수 있는 것이다. 자신의 소망과 목적을 분석하고, 자신의 마음과 정신과 경험에서 우리를 위협하는 것을 제거하여 참된 창조의 영이 자신 안에 있음을 깨닫도록 하자.

시작이 있는 것에는 반드시 끝이 있다. 따라서 배반, 이기심, 미움은 반드시 사라지며, 후회와 눈물, 비탄은 그것들과 함께 멀리 떠나도록 정해져 있다. 선한 것만이 영원히 멸하지 않는다. 지면을 움직인 것은 신의 성령이며, 신께서는 이 '성령'을 당신의 것을 돌보는 책임자로 세우셨다. 우리는 신의 것인가?**

주는 당신이 돌아오셔서 우리 한 사람 한 사람의 일을 밝힐 때까지 우리에게 주의 양을 돌보고, 어린 양을 먹이라고 말씀하셨다.

그때 우리는 어디에, 대체 어디에 있을 것인가?

---

\* 창세기 1장
\*\* 리딩 262-114